현대 중국어 어법

최병덕 저

충북대학교 출판부

머리말

이 책은 중국어를 배우는 한국인을 대상으로 엮은 중국어 어법서이다. 한국인은 중국어를 학습하면서 낯선 중국어 발음체계와 구조가 복잡한 한자 때문에도 어려움을 겪지만, 중국어가 갖고 있는 언어적 특성과 문형에 대한 이해가 부족해서 어려움을 느끼기도 한다. 자신의 생각을 적합한 어순에 맞추어 어휘를 배열하여 구사하는 데 어려움을 겪는다. 따라서 중국어 학습에 있어서도 어법은 반드시 필요한 요소로 생각된다. 중국어를 올바르게 습득하기 위해서는 어법에 대한 올바른 이해가 반드시 선행되어야 한다.

중국어 학습자는 대부분 중국어 어법은 어렵다는 생각을 갖는 것 같다. 그래서 어떤 이들은 중국어 어법을 따로 공부하지 않고도 문장을 계속 반복해서 학습하다 보면 저절로 습득하게 된다고도 하지만, 구조가 복잡한 문장을 만나게 되면 이해하는 데에 있어서도 한계를 드러낸다. 이러한 학습방법만 강조하다보면 자연히 어법을 소홀히 하게 된다. 우리가 국어 어법을 공부하지 않고도 우리말을 할 수 있다고 하지만, 그러한 말이 정확하다고 할 수 없고 우리말로 글을 쓰면서도 제대로 글쓰기를 어렵게 느꼈던 것도 국어어법을 소홀히 했기 때문인 것으로 생각된다. 이와 같은 이유로 중국어 학습에서도 어법의 학습은 필요하다. 중국어 어법은 영어와는 달리 단어의 형태 변화가 없기 때문에 기본적인 어법 원리와 문형에 대한 지식만 있으면, 복잡한 구조의 문장도 충분히 분석하여 이해할 수 있다.

이 책은 현대중국어를 효과적으로 배우고 정확히 구사하고자하는 학습자, 초급에서 중급으로 올라가는 학습자를 대상으로 하며, 학교 문법적인 성격을 띠고 엮었다. 중국어 어법의 구조와 기본 개념을 쉽게 이해할 수 있도록, 품사와 문장성분, 구문으로 나누어서 익히도록 하였고, 어법용어는 학습의 효율성을 고려해서 우리에게 익숙한 우리 용어를 사용하였다. 실린 예문은 대부분 국내외에서 출판된 권위 있는 교재에서 뽑아 실었다. 어휘도 현대중국어에서 사용 빈도수가 높은 단어들로 되어있어서 실용언어의 습득에도 효과적이리라 생각한다.

현대중국어를 쉽고 체계적으로 학습할 수 있게 하여, 이 책의 내용을 전반적으로 이해한다면 중국어 어법의 기초는 충분히 마련될 것으로 본다. 중국어 학습자들의 중국어 학습에 적게나마 기여하는 것이 있기를 기대한다.

2019년 9월

저자

목 차

제1장 개론

1. 어법

어법은 말을 구성하는 일정한 법칙이다. 어떤 언어든지 임의로 단어를 만들거나 문장을 만들 수 없다. 반드시 일정한 법칙에 의거하여 말을 만들어야 하는데, 이러한 말을 만드는 법칙을 어법이라 한다. 어떤 언어에나 모두 어법이 존재하기 때문에 어법은 필수불가결한 언어의 요소이다. 어법이 없으면 말을 만들 수 없다. '我们', '学习', '汉语' 세 단어에서, 그 어느 하나만을 말한다면 고립된 하나의 의미만을 나타낼 수 있을 뿐이다. 또한 만약 임의로 이 세 단어를 배열하여 "学习我们汉语" 또는 "汉语学习我们"이라고 말한다면, 일정한 뜻을 전달할 수 없다. 중국어 어법 규칙에 따라 말을 만든 것이 아니기 때문이다. 어법 규칙에 따라 "我们学习汉语"라고 해야만 비로소 일정한 뜻을 지닌 말이 된다. 이처럼 말은 반드시 어법에 맞게 해야 한다. 그렇지 않으면 상대가 그 말이 무슨 뜻인지 알 수 없다. 어법은 말을 정확하게 구사할 수 있게 하고, 다른 사람의 말을 정확하게 이해하게 하는 데 그 기능과 역할이 있다.

2. 어법 단위

어법 단위에는 어소, 단어, 구, 문장의 네 가지가 있다. 최소의 어법 단위가 어소이며, 이 어소가 단어를 만들고, 단어들이 구를 만들고, 단어와 구가 모여 문장을 만든다.

1) 어소

어소는 일정한 음과 뜻을 가진 최소의 조어 단위이다. '语', '言', '人', '葡萄' 등은 모두 어소이다. 이들은 모두 의미를 가지고 있을 뿐 아니라, 더 이상 의미를 지닌 작은 단위로 나눌 수 없다. '葡萄'는 이음절 어소이기 때문에 '葡'와 '萄'로 나눌 수 있지만 이렇게 나뉘어진 '葡'와 '萄'는 어떠한 의미도 나타낼 수 없기 때문에 이들은 어소가 아니다.

한 어소는 구체적인 의미이든 추상적인 의미이든 최소한 하나의 의미를 가지고 있다. 예를 들어 '身'은 단독으로 말할 수는 없지만 '신체'란 의미를 가지고 있고, '子', '们'은 단독으로 쓰일 수는 없지만, '子'은 '椅子', '孩子'에서와 같이 다른 어소 뒤에 쓰여 사물을 나타내고, '们'은 '我们'에서와 같이 사람을 가리키는 명사 위에 쓰여 복수를 나타낸다.

한 어소는 반드시 일정한 어음 형식을 가지고 있다. 이 어음 형식은 대부분 '身', '体', '木', '石'처럼 단음절이지만, '玻璃', '巧克力' 등과 같이 다음절인 경우도 있다.

'白', '火', '车', '菜' 등과 같은 어소는 단어가 될 수도 있다. 즉, 독립적으로 사용될 때에는 어소이면서 단어이며, '白色', '火车', '菜单'에서처럼 다른 어소와 같이 단어를 구성할 때는 오직 어소일 뿐이다.

2) 단어

단어는 고정된 소리와 특정한 의미를 지닌 최소의 문장 구성 단위이다. '言, 木, 子, 们'처럼 직접 문장을 구성하지 못 하는 것은 단어가 아니다. 그러나 '农民'은 '농업 생산에 참여하는 노동자'란 의미를 지니고 있고, "那个人是干什么的?" "农民。"처럼 대화에서 단독으로 말할 수 있고, 단독으로 물음에 답할 수 있다. 그러므로 '农民'은 단어이다.

어떤 단어들은 단독으로 말할 수는 없으나, 문장을 만드는 데 중요한 역할을 하는데, 이들 또한 단어이다. "我和我朋友今天去北京。"에서 '和'

는 단독으로 말할 수는 없지만 '我'와 '我朋友'를 접속하여 그 둘이 병렬 관계에 있음을 나타내며 문장을 구성하는 역할을 한다.

단어를 그 특징과 기능에 따라 종류별로 분류한 것을 품사라고 하는데, 중국어의 품사에는 명사, 대사, 수사, 양사, 동사, 형용사, 부사, 전치사, 접속사, 조사, 의성사, 감탄사가 있다. 이에 대해서는 제2장에서 자세하게 다룬다.

3) 구

단어와 단어가 일정한 어법규칙에 의거하여 결합한 어법단위이다.

구는 병렬구조, 수식구조, 동목구조, 동보구조 또는 형보구조, 주술구조의 5가지 구조로 이루어져 있다. 병렬구조는 일반적으로 두 개 이상의 동일 품사의 단어가 대등한 관계로 결합한 구조로, '老师学生'처럼 두 단어가 직접 결합하기도 하고, '谈论并修改'처럼 접속사를 이용하여 결합되기도 한다. 수식구조는 수식과 피수식의 관계로 이루어진 구조로, '劳动人民'처럼 관형어가 수식어인 구조와 '很结实'처럼 부사어가 수식어인 구조, 두 유형이 있다. 동목구조는 '吃饭'처럼 동사와 목적어의 관계로 이루어진 구조이다. 동보구조·형보구조는 '整理好', '好极了'와 같이 동사와 보어, 형용사와 보어의 관계로 이루어진 구조이다. 주술구조는 '头发长'처럼 주어와 술어의 관계로 이루어진 구조이다.

구는 기능에 따라 명사구, 동사구, 형용사구, 전치사구로 분류하는데, 그 기능은 그 구의 중심이 되는 단어의 기능과 일치한다. 예를 들어 '红花'는 '花'와 기능이 같으며, '高喊'은 '喊'과 기능이 같다. 따라서 피수식어의 품사에 따라서 구를 분류할 수 있다. 명사구에는 방위사구, 수량구, '的'자구도 포함하며, 문장 내에서 주로 주어나 목적어로 쓰인다. 관형어나 부사어 보어로도 쓰일 수 있으며, 특정한 조건 아래 술어로 쓰일 수도 있다. 동사구는 주로 술어로 쓰이는데, 관형어, 부사어, 보어로도 쓰일 수 있으며, 특정한 조건 아래서는 주어나 목적어로도 쓰일 수 있다. 형용사구는 주로 술어나 관형어로 쓰이는데, 부사어나 보어로도 쓰이며, 특정한 조건 아래서는 주어나 목적어로도 쓰일 수 있다. 전치사구는 주로 부사어로 쓰이는데, 일부 전치사구는 관형어나 보어로도 쓰일 수 있으며, 특정한 조건 아래 주어나 목적어로도 쓰일 수 있다. 제3장에서 자세히 다룬다.

4) 문장

문장은 단어나 구가 일정한 규칙에 따라 결합하여 하나의 완전한 의미를 나타내는 어법 단위이다. 전후에 비교적 큰 쉼이 있으며, 일정한 어조를 가진다. 문장은 주술구조의 수, 기능, 구조, 술어의 성질 등 몇 가지 기준에 따라서 분류할 수 있다.

주술구조의 수에 따라 하나의 주술구조만을 가진 단문과 두 개 이상의 의미상 서로 관련된 단문으로 구성된 복문으로 분류할 수 있는데, 복문을 구성하는 각 단문을 절이라고 하며, 절과 절 사이에는 일정한 쉼이 있다.

기능에 따라서는 진술문, 의문문, 명령문, 감탄문 네 가지로 나눌 수 있는데, 진술문은 사건에 대한 기술 사물에 대한 설명 묘사를 나타내는 문장을 가리키며, 의문문은 의문을 제기하는 문장을 가리키며, 명령문은 청유 명령 제지 금지 따위를 나타내는 문장을 가리키며, 감탄문은 감탄을 나타내는 문장을 가리킨다.

구조에 따라서는 주어와 술어 두 부분으로 구성된 주술문과 주어나 술어 중 하나만으로 구성된 비주술문으로 분류할 수 있다.

또 술어의 성질에 따라서 명사술어문, 동사술어문, 형용사술어문, 주술술어문으로 분류할 수 있다.

3. 문장성분

일정한 어법 규칙에 따라 문장을 구성하는 각 단어나 구를 문장에서 담당하는 역할과 기능에 따라 분류한 것을 문장성분이라 하는데, 중국어에는 일반적으로 주어, 술어, 목적어, 관형어, 부사어, 보어 등 6가지가 있다.

주어는 진술의 대상이 되는 것으로, 진술 묘사하는 것이 누구 또는 무엇인가를 나타낸다. 예를 들어 "他很聪明。"에서 '他'는 '很聪明'이 진술하는 대상이므로 주어이다.

술어는 주어에 대한 진술을 나타내는 성분으로, 주어의 행위, 상태, 성질 따위를 나타낸다. 예를 들어 "你们商量商量。"에서 '商量商量'은 주어 '你们'의 행위를 나타내기 때문에 이 문장에서 술어로 쓰인 것이다.

목적어는 동사의 뒤에서 동작의 대상, 동작의 결과, 동작이 도달한 장소, 동작에 사용된 도구 따위를 나타내는 성분이다. 예를 들어 "我买了一所房子。"에서 '一所房子'는 동작 '买'의 대상이며 목적어이다.

관형어는 주어나 목적어로 쓰이는 수식구조 중의 수식 성분을 가리킨다. 예를 들어 "这种红是不是正常的红。"의 주어 '这种红'과 목적어 '正常的红'에서 '这种'과 '正常的'은 '红'을 수식하는 관형어이다.

부사어는 수식구조로 이루어진 용언 중의 수식 성분으로, 일반적으로 동사나 형용사를 수식한다. 예를 들어 "我马上就走。" '马上'은 동사 '走'를 수식하는 부사어이다.

보어는 술어로 쓰이는 동사나 형용사를 뒤에서 보충 설명하는 성분을 가리킨다. 보어는 일반적으로 동작이나 변화의 결과, 방향, 수량, 가능을 보충 설명하거나, 성질이나 상태의 정도를 보충 설명한다. "我打破了一个杯子。"에서 '破'는 '打'의 결과를 보충 설명하는 결과보어이다. 보어에는 결과보어, 방향보어, 가능보어, 정도보어, 동량보어, 시간보어, 수량보어 등이 있다.

제2장 품사

품사는 낱말을 그 특징과 기능에 따라 종류별로 분류한 것으로, 중국어의 품사에는 명사, 대사, 수사, 양사, 동사, 형용사, 부사, 전치사, 접속사, 조사, 의성사, 감탄사가 있다.

他突然离开了这里。	他忽然离开了这里。
这件事太突然了。	*这件事太忽然了。
一个突然的事情	*一个忽然的事情

위의 '突然'과 '忽然'은 의미상으로는 유사하나, '突然'은 부사어, 술어, 관형어로 쓰일 수 있는 반면에 '忽然'은 부사어로만 쓰일 수 있다. 따라서 '突然'은 형용사이고, '忽然'은 부사이다.

제1절 명사

사람 또는 사물의 명칭을 나타내는 낱말을 가리킨다.

1. 어법상의 특징

1) 명사는 일반적으로 직접 수사의 수식을 받을 수 없다. 수사는 적절한 양사를 동반하여 수량구를 구성해야만 명사를 수식할 수 있다.

两张桌子	一套公寓
*三十学生	*五楼房[1]

1) 적절한 양사를 부가하여 '三十个学生, 五幢楼房/五栋楼房'라고 한다.

2) 일반적으로 부사의 수식을 받을 수 없다.

*不专家　　　　*也昨天　　　　*很友谊

단, 수량이 적음을 강조하는 '就 · 光 · 只 · 单 · 仅 · 仅仅' 등의 부사는 주어로 쓰이는 명사 앞에 쓰여 직접 명사를 수식할 수 있다. 그러나, 이런 부류의 부사가 의미상 목적어를 지향하는 경우에는 동사 앞에 놓인다.

就小王一个人没来。
资料室里, 光外文图书就有上万册。
*这里的学生是就我们班的学生。
*这个阅览室里有只报纸、杂志, 没有图书。

또한 일부 관용적인 표현에서는 예외적으로 부사가 명사를 수식하기도 한다.

不人不鬼
他的脸长得很中国。

3) 일부 단음절 명사는 중첩하여 '每'의 뜻을 나타낸다. 단, 술어 동사 앞에서 주어나 부사어로만 쓰일 수 있다.

人人都喜欢听音乐。
他天天都来我这儿。

4) 일반적으로 형태상 단수와 복수의 구별이 없다. 복수를 나타내고자 할 때는 다음의 방법을 사용한다.

(1) 수량구나 '多', '些' 등을 관형어로 사용한다.

三支铅笔　　　　很多水果
这些书

⑵ '都'나 '全'을 부사어로 사용한다.

客人都来了。

东西全在桌子上。

⑶ 사람을 가리키는 명사에 접미사 '们'을 붙여 복수를 나타낸다.

下课以后，学生们都在操场上玩。

동물을 가리키는 명사도 의인화하여 쓰이는 경우에는 일반적으로 '们'을 붙일 수 있다.

*猪们在吃食。

小猴子们见到孙悟空，高兴得欢呼起来。

'们'은 복수를 나타내는 다른 어구와 같이 사용할 수 없다.

*我还有几个朋友们要来这儿学习。

*我们学校的外国留学生们很多。

2. 기능

문장에서 주로 주어, 목적어, 관형어로 쓰인다.

1) 주어

北京是中国的首都。

冬天很冷。

学生学习。

东边有商店。

2) 목적어

你画画儿。

我们的学校在北边。

3) 관형어

这是中国画。

汉语语法不太难。

姐姐的信在这儿。

衣服在左边的箱子里。

4) 술어

일반적으로 명사는 단독으로 술어가 될 수 없으나, 날씨나 시간 또는 출신 등을 나타내는 경우에는 직접 술어로 쓰일 수 있다.

*我很兴趣中国的社会情况[2]。

*我愿望更多地了解他们的想法和习惯[3]。

今天晴天。

昨天星期日。

5) 부사어

시간명사나 방위명사는 직접 부사어로 쓰일 수 있으나, 그 외의 명사는 직접 부사어로 쓰이지 않는다.

你明天来。

我们里边谈。

---

2) ‘兴趣’는 명사이기 때문에 직접 술어로 쓰일 수 없으므로 ‘有’를 부가하여 동사구 ‘有兴趣’로 만들고, ‘中国的社会情况’은 ‘有兴趣’’가 목적어를 직접 가질 수 없으므로 전치사 ‘对’를 부가하여 부사어로 처리해야 한다.
我很兴趣中国的社会情况。⇒ 我对中国的社会情况很有兴趣。

3) ‘愿望’은 명사이기 때문에 직접 술어로 쓰일 수 없으므로, 동사 ‘愿意’ 등으로 바꾼다.

3. 시간명사

날짜, 시간, 계절 따위를 나타내는 명사를 가리킨다.

现在　　过去　　将来　　今天　　去年
白天　　晚上　　清早　　下午　　前后

시간명사는 주어, 목적어, 관형어뿐만 아니라 술어나 부사어가 될 수 있다.

现在五点多了。
现在是清早。
我喜欢春天的早晨。
后天冬至。
他下半年没有外出任务了。
春节前，我们将举行一次联欢活动。

4. 방위사

방향이나 위치를 나타내는 낱말로 명사의 한 부류이다. 단음절로 이루어진 **단순방위사**와 단순방위사에 '以·之·边·面·头' 등이 부가되어 이루어진 **합성방위사**가 있다.

	东	西	南	北	上	下	前	后
边	东边	西边	南边	北边	上边	下边	前边	后边
面	东面	西面	南面	北面	上面	下面	前面	后面
头	东头	西头	南头	北头	上头	下头	前头	后头
以	以东	以西	以南	以北	以上	以下	以前	以后
之					之上	之下	之前	之后

	左	右	里	外	内	中	间	旁
边	左边	右边	里边	外边	内边			旁边
面	左面	右面	里面	外面				
头			里头	外头				
以				以外	以内			
之								

1) 단순방위사

일반적으로 단독으로 사용되지 않고, 다른 어구와 결합해서만 사용되지만, 전치사의 목적어로는 단독으로 쓰일 수 있다. 단, '左, 右'는 단독으로도 쓰일 수 없고 다른 어구와 결합해서도 쓰일 수 없다.

楼里　　　　　　结婚前

后门　　　　　　东半球

*宿舍楼的环境很好，前是一个宽阔的广场，后是一个宁静的小花园[4]。

*你上里坐一会儿，我在外走走[5]。

往右拐　　　　　往里走

*站在老師左[6]。

(1) 명사나 명사구 뒤에 부가되어 처소를 나타낸다.

门前　　　　　　树上

보통명사가 처소를 나타내는 경우에는 뒤에 방위사 '里'나 '上'을 첨가해야 한다.

书在抽屉里。

咖啡在杯子里。

4) '前'과 '后'가 직접 주어로 쓰일 수 없으므로, 같은 의미의 합성방위사로 바꾼다.
5) '里'과 '外'가 직접 목적어로 쓰일 수 없으므로, 같은 의미의 합성방위사로 바꾼다.
6) '左'은 다른 어구와 결합할 수 없으므로 합성방위사 '左边' 등으로 바꾼다.

*我的护照在那个书包。

국명과 지명 뒤에는 방위사 '里'를 첨가할 수 없다.

他现在在哪儿? *在北京里。

*天津里的自行车实在太多了。

(2) '前, 后, 上, 下' 등은 다른 어구와 결합하여 시간을 나타낼 수 있다.

前一天　　　　下课后

2) 합성방위사

기본적으로 일반명사와 기능이 같다. 따라서 주어, 목적어, 관형어, 부사어 등으로 사용될 수 있다.

<u>前边</u>有一个很大的商场, 我们去那儿看看。

'以前'과 '以后'는 일반적으로 시간만을 나타낸다.

我<u>以前</u>学英语, 现在学汉语。

<u>以前</u>的房子不太好。

<u>以后</u>我再来。

这是<u>以后</u>的计划。

3) 방위사구

방위사가 피수식어인 구로, 장소 시간 수량 따위를 나타낸다.

桌子上　　　　他左边

饭后　　　　一星期左右

三十岁以上　　　　四十岁上下

(1) 장소나 시간을 나타내는 방위사구는 주어, 목적어, 관형어, 부사어로, 수량을 나타내는 방위사구는 주어, 술어, 관형어로 쓰인다.

大使馆前边有一条马路。
我们扫扫门外边。
黑板上的字是老师写的。
咱们院子里坐坐。

七点以后比较合适。
晚会的时间是八点以后。
那是三天前的事。
你饭后再来吧。

五千块以内也是个不小的数目。
他二十岁上下。
三十岁以上的人都知道。
他是二十岁上下。

어순이 고정되어, 방위사를 수식하는 관형어는 앞에 놓이고 방위사는 뒤에 놓인다. 어순이 바뀌면 의미가 달라진다.

三天前(사흘 전)　　前三天(이전 사흘 동안)
屋里(방 안)　　里屋(안쪽에 있는 방)
城东(성의 동쪽)　　东城(동쪽에 있는 성)

(2) 방위사구와 구조조사 '的'

단순방위사가 피수식어일 때는 '的'를 사용하지 않는다.

*城的东　　*柜子的前

합성방위사 중 '上下'·'左右' 및 '以~'·'之~'가 피수식어일 때는 '的'를 사용하지 않는다.

*一千公斤的上下　　*五十个的左右
*两个星期的以前　　*四十公里的以外

합성방위사 중 '~边'·'~面'이 피수식어일 때는 '的'를 사용할 수도 있고 사용하지 않을 수도 있다.

他(的)左边　　　　　　　张文(的)旁边

방위사구가 관형어로 쓰이는 경우에는 일반적으로 '的'를 사용해야 한다.

院子里的花真香!

三年以前的事他都记得。

那个人有四十岁以上的年纪。

(3) '上下, 左右, 前后' 방위사구는 어림되는 시간이나 양을 나타낸다.

三点左右我一定来。

那些水果有二百公斤上下。

新年前后我要回家。[7]

五号前后我们就要见面了。

(4) '~以前' '~以后'

주로 시간을 나타내며, 부사어나 관형어로 쓰인다. 관형어로 쓰이는 경우에는 반드시 뒤에 '的'을 사용해야 한다.

春节以后他就开始旅游。

我动身以前一定去你那儿。

离开首都以后我一定给你写信。

这是很久很久以前的故事。

7) '*新年左右', '*五天前后'라고 하지는 않는다.

제2절 동사

동작, 행위, 심리상태, 변화 발전 등을 나타내는 낱말을 가리킨다.

1. 종류

1) 자동사 : 대상목적어를 가질 수 없는 동사이다. 단, 처소, 도구, 존현물[8]을 나타내는 어구는 자동사 뒤에 목적어로 올 수 있다.

去上海	出院
睡床	过筛子
来了两个人	死了一头牛

2) 타동사 : 대상목적어를 가질 수 있는 동사이다.

목적어를 하나만 취하는 단목적어 동사와 두 개의 목적어를 취할 수 있는 쌍목적어 동사가 있다.

看(书)　　写(字)　　挖(坑)　　打(球)

给我书	教朋友汉语
欠我一笔钱	别收他钱

2. 어법상의 특징

1) 부사의 수식을 받을 수 있다.

正在打电话	马上去
果然来了	再写一遍

단, 정도부사의 수식은 심리동사[9]와 일부 조동사만 받을 수 있다.

---

8) 어떤 장소나 시간대에 존재하는 대상, 또는 출현하거나 소실된 대상을 가리킨다.
9) 심리동사는 '爱, 恨, 喜欢, 讨厌, 想(念), 希望' 등 심리 상태를 나타내는 동사를 가리킨다.

很生气 特别爱
十分喜欢 多么希望
他很能团结人。

2) '不' 혹은 '没(有)'를 써서 부정한다.

我不去。 他不在这儿。
他没有来。 他没有小说。

3) 긍정형식과 부정형식을 병렬하여 의문을 나타낼 수 있다.

你去不去图书馆?
他吃没吃饭?

쌍음절 동사는 'A不AB', 'A没AB' 형식으로 의문을 나타낼 수도 있다.

这件礼物你喜不喜欢？
你习没习惯这里的生活?

4) 대부분의 동사는 뒤에 동태조사 '了'·'着'·'过'를 부가할 수 있다.

他昨天给妈妈写了一封信。
他正给妈妈写着信。
他几天前给妈妈写过信。

5) 뒤에 각종 보어를 취할 수 있다.

洗干净 起得很早
站起来 走一趟
搬不动 呆一会儿

6) 일부 동사는 중첩할 수 있다.

说说　　　　　　　　研究研究

7) 심리동사나 지각동사는 동사(구)나 절을 목적어로 가질 수 있다.

希望　盼望　打算　觉得　感到　以为　认为　主张

刚一放假，他又盼望着开学了。

我下个月打算去北京。

这件事没办成，他觉得很惋惜。

我们以为你不来了。

8) 형식동사는 실질적인 의미를 갖고 있지 않다. 주로 추상적인 동작을 나타내는 2음절 동사를 목적어로 취하며, 공식적이고 엄숙한 표현 효과, 문장의 균형감과 리듬감을 얻기 위해 사용한다.

进行[10]　加以[11]　给予[12]　给以[13]

这个案件正在进行详细的调查。

⇒ 这个案件正在详细地调查。

对这本书的内容不曾加以评论。

⇒ 不曾评论这本书的内容。

对学习好的同学应该给以奖励。

⇒ 应该奖励学习好的同学。

9) 이합동사는 주로 동목구조로 구성되며, 사이에 동태조사 등 다른 성분이 올 수 있다.

---

10) 지속성이 있으며, 공식적이고 엄숙한 행위에 사용한다. '讨论, 比赛, 调查, 改革, 比较, 建设, 指导, 试验' 등을 목적어로 취한다.

11) '考虑, 克服, 说明, 制裁, 讨论, 推广, 评论, 总结' 등을 목적어로 취한다.

12) jǐyǔ로 읽고, '帮助, 同情' 따위를 목적어로 취한다.

13) '帮助, 批评, 教育, 鼓励, 奖励, 惩罚' 등을 목적어로 취한다.

见面　　　握手　　　结婚
见了面　　握着手　　结过婚

이합동사는 목적어를 가질 수 없기 때문에, 의미상 목적어에 해당하는 어구는 관형어로 처리하거나, 전치사의 목적어로 처리한다.

*着想他 → 替他着想, 为他着想
*送行朋友 → 为朋友送行
*毕业南开大学 → 毕业于南开大学

见了他的面。	跟他见面。[14]
开我的玩笑。	跟我开玩笑。[15]
生我的氣。	跟我生气。[16]
握我的手。	跟我握手。[17]

3. 기능

1) 술어: 동사의 주기능으로, 술어의 주성분으로 쓰인다.

你骑自行车。
我有词典。
我送他杂志。

2) 주어: 술어가 형용사나 판단, 시작, 정지 등의 의미를 나타내는 동사로 제한된다.

节约光荣。
分析很重要。

14) "见了他的面"은 '의도하지 않았는데 만난 것'을 의미하고, "跟他见面"은 '약속에 의해 또는 공식적으로 만난 것'을 의미한다.
15) '开我的玩笑'은 '나를 놀리다'의 의미를, '跟我开玩笑'은 '나에게 농담하다'의 의미를 나타낸다.
16) "生我的气"는 '나에게 화가 나다'의 의미를, "跟我生气"은 '나에게 화를 내다'의 의미를 나타낸다.
17) "握我的手"은 '일방적으로 손을 잡은 것'을 의미하고, "跟我握手"는 '악수하는 것'을 의미한다.

比赛开始。

讨论已经结束。

3) 관형어: 일부 관용적인 경우를 제외하고는 반드시 '的'을 사용해야 한다.

劳动人民　　　　庆祝活动

这是喝的水。

卖的书在这儿。

4) 목적어: 술어는 주로 심리동사, 지각동사, 시종동사, 형식동사 등으로 제한된다.

他喜欢游泳。

他重视学习。

现在开始讨论。

我表示感谢。

5) 보어: 일부 단음절 동사는 동사 뒤에 쓰여 동작의 결과를 나타내는 보어로 쓰인다.

你拿走。

我看得见。

大家没听懂。

我们做不完。

6) 부사어: 일반적으로 뒤에 조사 '地'를 사용해야 한다.

他注意地听着。

我钦佩地看着他。

4. 동사의 중첩

1) 중첩방식

(1) 단음절동사의 중첩방식

AA　　读读　　走走

중첩된 부분은 경성으로 읽는다.

坐坐 zuò zuo　　讲讲 jiǎng jiang

동작이 완료된 경우에는 중간에 '了'를 삽입할 수 있다.

听了听　　做了做

중간에 '一'를 삽입할 수 있다.

想一想　　唱了一唱

(2) 쌍음절동사의 중첩방식

ABAB　　练习练习　　休息休息

제2, 4음절을 경성으로 읽는다.

讨论讨论 tǎolun tǎolun　　安排安排 ānpai ānpai

일반적으로 중간에 '了'를 삽입할 수 없다.

?学习了学习　　?研究了研究

중간에 '一'를 삽입할 수 없다.

*学习一学习　　*研究一研究

2) 동사 중첩의 의미

(1) 동작이 지속된 시간이 짧음을 나타낸다.

他想了想说: "还是你去吧!"

这个计划我们研究了研究，觉得还可以。

대부분 동작이 이미 발생한 경우이므로 흔히 중간에 '了'를 사용한다.

他尝了尝菜。

'지속된 시간이 짧음'을 강조하기 위해 동사 뒤에는 흔히 '就'를 사용한다.

看看就给你，不要你的。

(2) '(시험삼아) 해보다'는 의미를 나타낸다.

这个菜怎么样，尝尝就知道了。

동사 뒤에 '看'을 붙일 수 있다.

商量商量看，去哪儿更好？

A: 怎么？修理不好了？ B：来，我修理修理看。

(3) 청유문에 쓰여 어기를 완화시키는 작용을 한다.

王大夫，你休息休息吧！

我的钥匙不见了，你帮我找找！

查一下人数，看看还有谁没来？

你再给我看一看，句子里还有错儿没有？

청유문에서 동사를 중첩하지 않으면, 어기가 딱딱해 표현이 어색해진다.

?这段话他不懂，你给他解释！

?那本书有意思吗？给我看！

(4) 늘 습관적으로 하는 동작이나, 가볍고 홀가분한 마음으로 하는 동작을 나타낸다.

我每天早上都来这里跑跑步、作作操。

3) 동사를 중첩할 수 없는 경우

⑴ 일반적으로 구어에서 사용하며, 공문이나 과학기술보고서에서는 사용하지 않는다.

?现将本学期学习情况汇报汇报如下。

?有关设备增进计划，敬请领导审阅审阅。

⑵ 진행 중인 동작을 나타내는 동사, 동시 동작을 나타내는 동사, '着', '过'가 부가된 동사는 중첩할 수 없다.

*我正在休息休息，他来了。

*她一边指指图片，一边给我讲解讲解。

*她早上洗洗过衣服。

⑶ 수식, 제한의 기능을 하는 동사, 즉 관형어로 쓰이는 동사는 중첩할 수 없다.

*刚才试试的那件衣服还可以。

⑷ 동보구조를 구성하고 있는 동사는 중첩할 수 없다.

*我们在那里又等了等半个小时。

*等我看看明白了，再讲给你听。

4) 동사 중첩식의 목적어는 수량사를 관형어로 가질 수 없다. 수량사가 관형어로 쓰이면 그 앞에 지시대사를 부가하여 한정칭으로 만들어야 한다.

*咱们今天研究研究两个问题。

제3절 조동사

동사를 보조하여 의지, 가능, 당위 등을 나타내는 낱말을 가리킨다.

你应该参加这次活动。

这么晚了，你还不回去，你妈会着急的。

1. 종류

1) 의지, 희망: 要 想 愿 愿意 肯 敢

2) 가능, 능력: 能 能夠 会 可以 可 可能

3) 당위, 필요: 应该 应 应当 该 得 要

2. 어법상의 특징

1) 동사나 형용사 또는 주술구조 앞에 쓰여 이를 수식한다. 명사나 명사구 앞에 쓰일 수 없다.

能够把他救出来吗?

对，不会错，那个女孩子一定是老张的女儿。

今天应该你值班。

*我应该向他说明的理由。

*今天晚上，你应该上次留的作业。

단, 일반동사로 쓰이는 경우에는 명사나 명사구가 바로 뒤에 올 수 있다.

我会法语。

他想妈妈。

我要红毛衣。

2) 중첩할 수 없다. 단, 조동사 뒤의 동사는 중첩할 수 있다.

*你应该应该帮助我。
你应该帮助帮助我。

3) 의미가 통할 수 있으면, 서로 다른 조동사를 연용할 수 있다.

这个时候，他可能该回家了。

4) 동태조사 '了，着，过' 등을 사용할 수 없다. 단, 어기조사 '了'는 사용할 수 있다.

*他愿意了跟我一起去。
以前不肯说，现在肯了。

5) 대부분의 조동사는 '不'를 사용하여 부정한다. '想，打算，准备，能，能够' 등은 '没'를 사용하여 부정할 수 있다.

我不能告诉你。
他不该去那儿。
我没能去。
对不起，没能接你的电话。

6) 조동사구문의 정반의문문은 조동사의 긍정형식과 부정형식을 병렬하여 만든다.

他会担心。 ⇨ 他会不会担心?
他能来参加比赛。 ⇨ *他能来不来参加比赛?

이음절 조동사의 경우에는 'A不AB' 형식으로 만들 수도 있다.

你愿不愿意来?

7) 조동사를 이용한 질문에 조동사만 사용하여 답할 수는 있지만, 일반 동사만 사용하여 답할 수는 없다.

你愿意参加吗? *参加。

8) '把, 被' 전치사구는 조동사 앞에 놓일 수 없다. 일반적으로 전치사구나 묘사성 부사어는 조동사 뒤에 놓인다.

你今天应该把这项实验搞完。

你能向老师说明这一情况吗?

这些图片有的不清楚, 咱们得好好儿选一选。

9) 부사어의 위치가 다르면 의미도 다르다.

a. 你后天能去吗? b. 你能后天去吗? 18)

a. 你应该在北京学汉语。 b. 你在北京应该学汉语。19)

3. 상용조동사

1) 能

(1) 주관상 어떤 능력을 가졌음을 나타낸다.

她一天能记五十个英语单词。

我能开汽车。

他能看中文小说。

위 문장의 '能'은 '能夠'나 '可以'로 바꿀 수 있다.

他可以几天不吃不喝。

---

18) a는 떠나는 것이 가능한 지를 묻는 것이고, b는 모레 가능한 지를 묻는 것이다.

19) a는 중국어는 다른 곳 말고 북경에서 배워야 한다는 것을 나타내고, b는 북경에서는 다른 것 말고 중국어를 배워야 한다는 것이다.

단, 주관상 어떤 능력을 가지지 못했음을 나타낼 때에는 '不能'만 사용할 수 있다.

*他不可以几天不吃不喝。

(2) 조건상 또는 도리상의 허가를 나타낸다. 주로 의문문이나 부정문에서 사용한다. 긍정문에서 허가를 나타내는 '能'은 '可以'로 바꾸어 쓸 수 있다.

我能看着他们有困难不帮助吗?

他能参加运动会吗? 不能。

星期天不能借书。

会游泳的才能到深水区游。

(3) 객관적인 가능성에 근거한 화자의 추측을 나타낸다.

那么晚了, 他还能来吗?

天上一点儿云也没有, 不能下雨。

2) 会

(1) 학습이나 연습을 거쳐 어떤 기능을 습득했음을 나타낸다. 학습을 필요로 하지 않는 능력은 '能'을 사용한다.

姐姐会织毛衣。

弟弟会打网球。

*我会把你举起来, 你信不信?

*老师我病了, 不会考试。

(2) 객관적인 가능성, 화자의 추측을 나타낸다. '会'는 주로 미래사에 대한 추측을 표시하고, 과거사에 대한 추측에는 잘 쓰이지 않는다.[20]

---

20) '能'과 '可能'은 과거사에 대한 추측도 나타낼 수 있고, 미래사에 대한 추측도 나타낼 수 있다. '可能'이 '能'보다 화자 주관적인 추측성이 강하다.
明天会下雨。　　　　他可能已经离开北京了。

他会来，您不要着急。

今天不会下雨。

他怎么会知道的?

⑶ '能'과 '会'의 차이점

① 어떤 능력을 상실했다가 회복하였을 경우에는 '能'만 사용할 수 있고, '会'는 사용할 수 없다.

我的牙不疼了，能吃饭了。

他清醒过来了，能说话了。

② 효율을 나타내거나 일정한 기준에 도달할 수 있는지를 나타내고자 할 때에도 '能'만 사용할 수 있고, '会'는 사용할 수 없다.

他开汽车每小时能走180公里。

他一个小时能打一万字。

③ 어떤 일에 능숙함을 나타낼 때에 '能'과 '会' 모두 사용할 수 있는데, '能'은 주로 능력에, '会'는 기교에 중점을 둔다.

他很能吃。

他很会吃。

他多能说，说了一个小时了，也不嫌累。

他真会说，死人也能让他说活了。

3) 可以

⑴ 주관적으로 어떤 능력을 갖추었거나 객관적인 조건을 갖추었음을 나타낸다.

我们可以帮助你。

我可以说三种外语。

天气热了，可以游泳了。

부정은 '不能'이나 가능보어를 사용한다.

我不能说三种外语。

这本书我今天看不完。

⑵ 허가를 나타낸다. 주로 긍정문에서 사용하며, 부정은 '不能'을 사용한다.

现在你们可以走了。

你可以在这儿抽烟。

我可以抽烟吗? 不能抽烟。

⑶ 能과의 차이

① '能'은 능력에 중점을 두고, '可以'는 가능성에 중점을 둔다. 따라서, 어떤 일에 능숙함을 나타낼 때, '可以'는 사용할 수 없다.

*他很可以写，一写就是一个大篇。

② '可以'는'객관적인 가능성에 근거한 추측을 나타낼 수 없다.

*雨下得那么大，他不可以来了，别等了。

③ '能'과 '可以'는 모두 도리상, 여건상 허가를 나타낼 수 있는데, '能'은 부정문에 쓰이고, '可以'는 긍정문에 쓰인다.

A: 这儿能不能抽烟? B: 那儿可以抽烟，这儿不能。

④ '可以'는 직접 술어가 될 수 있으나, '能'은 그럴 수 없다.

这样做也可以。

*这样做也能。

4) 应该

⑴ 도리상의 당위성을 나타낸다. 부정형식은 '不应该'이다.

天黑了，我应该走了。

同学们应该积极发言。

我们不应该这么做。

(2) 추측을 나타낸다.

这是我才换的电池，电池应该没问题。

5) 该

(1) 이치나 경험에 근거한 추측을 나타낸다. 일반적으로 문미에 어기조사 '了'를 사용한다.

明天该星期日了。

晴天了，该出太阳了。

'该'는 가정복문의 주절이나, '又' 뒤에 쓰일 수 있지만, '应该'나 '应当'은 그럴 수 없다.

如果你再把这台机器搞坏了，他该批评你了。

你把爸爸的书弄坏了，你爸爸又该骂你了。

(2) 도리상의 당위성을 나타낸다.

十点了，我该走了。

该上课了，快走吧。

天冷了，你该加衣服了。

6) 得(děi)

(1) 도리상의 당위성을 나타낸다. 부정형식은 '不用'을 사용한다.

他得想办法。

我们得商量商量。

您得辅导我。 ↔ 你不用辅导我。

你们得办理手续。 ↔ 你们不用办理手续

(2) 추측을 나타낸다. 부정형식은 '不会'나 '不可能'을 사용한다.[21]

---

21) '不得(budé)'는 금지나 불허를 나타낸다.
不得随地吐痰。

爸爸得批评我。↔ 爸爸不会批评我。

7) 要

(1) 의지나 희망을 나타낸다. 부정형식은 '不想', '不愿意'이다.

病人要出院。

客人要走。

他要报名。↔ 他不想报名。

(2) 사실상의 당위성을 나타낸다. '应该'로 체환할 수 있다.

你要注意发音。

路滑，要小心。

大家要努力工作。

당위에 대한 부정은 일반적으로 '不用'을 사용한다.[22]

你们不用着急。

他不用替我。

(3) '강한 추측을 나타낸다. 어기가 '可能', '会'보다 강하다.

十个有十要失败。

8) 想

주관적인 바람을 나타낸다. 부정은 '不想'이다.

我想学艺术。

我们想去中国。

外国朋友想看杂技。

我不想看这种电视。

---

22) '不要'는 부정의 명령문에 사용되어 금지나 권고를 나타낸다.
不要粗心。 不要大声喊。

제4절 형용사

사람과 사물의 모양이나 성질, 동작과 행위의 상태를 나타내는 낱말을 가리킨다.

(1) 사람이나 사물의 모양을 나타내는 형용사

大 小 高 矮 红 绿 整齐 美丽

(2) 사람이나 사물의 성질을 나타내는 형용사

好 坏 冷 热 对 错 正确 伟大

(3) 동작/행위의 성질·상태를 나타내는 형용사

快 慢 早 晚 紧张 流利 认真 热烈 熟练

1. 어법상의 특징

1) 대부분 정도부사의 수식을 받을 수 있다.

很贵	十分漂亮
非常清楚	极好
特别认真	挺可爱

정도부사로 형용사가 나타내는 성질 상태의 정도상 차이를 나타낼 수 있다.

不太大 〈 比较大 〈 大 〈 很大 〈 非常大 〈 极大 〈 挺大

2) 일반적으로 '不'를 사용하여 부정한다. '没'를 사용하지 않는다.

这本教材不难。
他回答得不清楚。

단, 성질·상태의 발생이나 변화를 부정하는 경우에는 '没'를 사용한다. 이 경우 일반적으로 부사 '还'나 어기조사 '呢'가 같이 사용된다.

我还没饱，想再吃点儿。
天没亮呢，再等一会儿吧。

3) 긍정형식과 부정형식을 병렬하여 의문을 나타낼 수 있다.

高不高?　　　　累不累?
暖和不暖和?　　干净不干净?

2음절형용사는 제1음절을 중복하는 형식으로도 의문을 나타낼 수 있다.

漂不漂亮?　　清不清楚?
聪不聪明?　　热不热闹?

4) 형용사는 일반적으로 목적어를 가질 수 없다.

*干净了房间　　*饱了肚子[23)]

단, 일부 형용사는 동사로 전성되어 목적어를 가질 수도 있는데, 이 경우 단어는 '사역'의 의미를 내포한다.

端正态度 → 使态度端正　　繁荣经济 → 使经济繁荣
丰富内容 → 使内容丰富　　密切关係 → 使关係密切
严格纪律 → 使纪律严格

5) 뒤에 정도보어나 수량보어를 가질 수 있다.

聪明极了　　好多了
漂亮得很　　快三秒钟

---

23) 어순을 바꾸거나 적절한 동사를 보충한다.
房间干净了。　　打扫干净了房间。
肚子饱了。　　吃饱了肚子。

2. 기능

주로 술어, 관형어, 부사어, 보어로 쓰이며, 경우에 따라 주어, 목적어로 쓰이기도 한다.

1) 술어

술어로 쓰이는 경우, 일반적으로 앞에 정도 부사 '很'을 사용한다. 이 때 '很'은 가볍게 읽으며, 정도의 의미를 나타내지는 않는다.

星期日，商店里人很多。
他最近很忙。

⑴ 정도가 심하다는 것을 강조하려면 '很'을 의식적으로 강하게 읽는다.

冬天这里很冷。
这件衣服很漂亮。

⑵ 일반적으로 문장이 대조·비교의 의미를 나타내는 경우에는 앞에 '很'을 사용하지 않는다.

这孩子人小志气大。
你汉语好，还是你说吧。
外边凉快，咱们去外边吧。

2) 관형어

⑴ 1음절형용사

① 일반적으로 뒤에 '的'를 사용하지 않는다.

这是我的新地址。
把这些旧家具处理了吧。

② 대비나 수식을 강조하는 경우에는 뒤에 '的'을 사용한다.

这个重的箱子给我，你提那个轻的。[24)]

③ '多'와 '少'는 일반적으로 단독으로 명사를 수식하지 않으며, 적절한 정도부사나 부정부사를 부가하여 명사를 수식한다.

*在中国，我有多朋友。

到中国后，我们了解了不少情况。

(2) 2음절형용사

① 일반적으로 뒤에 '的'를 쓴다.

牢固的关系　　　　宽阔的广场

② 일부 관용적인 표현에서는 뒤에 '的'를 쓰지 않는다.

这是一段值得他骄傲的光荣历史。

这个班十年来一直是我校的先进集体。

형용사구나 형용사의 중첩형은 반드시 '的'를 써야 한다.

非常丰富的业馀生活

孩子们在暖暖和和的房子里做功课。

3) 부사어

(1) 1음절 형용사: 극소수의 형용사만이 부사어로 쓰일 수 있다.

多　少　早　晚　快　慢　新　大　轻

① 선택성이 강해서 대부분 단음절 동사를 수식한다.

大干　早来　多吃　快跑　轻放

他每天早出晚归。

要学好外语，必须多听多说多读多写。

② 뒤에 '地'를 사용하지 않는다.

多干实事，少说空话。

他可能晚来几天。

这些都是玻璃制品，一定要轻拿轻放。

---

24) 일반적으로 '무거운 상자'는 '重箱子'라고 표현한다.

③ 묘사작용[25]을 강조하는 경우에는 '정도부사+형용사'형식이나 중첩형을 사용한다.

火车很慢地驶进了车站。

他慢慢地就好了。

④ 중첩형이 부사어로 쓰이는 경우에는 '地'를 사용할 수도 있고, 사용하지 않을 수도 있다.

母亲紧紧(地)抱着自己的孩子。

天气慢慢(地)暖和了。

他们早早(地)出发了。

(2) 2음절 형용사

동작이나 변화를 묘사하는 경우에는 '地'의 사용이 자유로우나, 동작자를 묘사하는 경우에는 반드시 '地'를 사용해야 한다.

大家把教室彻底(地)打扫了一遍。

她把信仔细(地)读了一遍。

老师激动地流下了热泪。

爷爷满意地点点头。

大家高兴地唱起歌来。

중첩형이 부사어로 쓰이는 경우에는 '地'를 사용해야 한다.

他们高高兴兴地谈着。

他每天都紧紧张张地工作。

4) 보어

(1) 1음절 형용사나 2음절 형용사 모두 단독으로 보어가 될 수 있다.

他们玩得很开心。

脸上布满了皱纹。

---

25) 묘사작용이라함은 모습, 상태, 동작을 형용하는 것을 가리킨다.

他写清楚每一个字。

(2) 정도보어로 쓰이는 경우, 긍정문에서는 반드시 정도 부사를 사용해야 한다.

他讲得很明白。

孩子们穿得很漂亮。

① 단독으로 쓰이면, 대조·비교의 의미를 내포한다.

小李写得清楚。

依我看，还是红队踢得好。

② 중첩형은 뒤에 반드시 '的'를 사용해야 한다.

她把玻璃擦得亮亮的。

5) 주어: 형용사가 주어로 쓰일 때, 술어는 대개 형용사이거나 판단·관계를 나타내는 동사이다.

骄傲不好。

光荣属于大家。

谦虚是好品德。

6) 목적어: 형용사가 목적어로 쓰일 때, 술어는 대개 심리동사 또는 지각동사이다.

他喜欢安静。

我觉得很满意。

女孩子爱漂亮。

3. 한정 형용사

관형어로만 쓰이고 술어로 쓰일 수 없는 형용사를 가리킨다.

男　女　正　副　银
彩色　初级　个别　国营　共同　公共　急性
主要　高档　西式　冒牌　人造　基本
他虽然有钱，但从来不穿高档服装。
*这家商店国营。
*他穿的靴大号。

1) 관형어로만 쓰이며, 관형어로 쓰일 때 '的'를 쓰지 않는다.

彩色电视　　新式武器
副教授　　西式服装

2) '不'로 부정할 수 없고, '非'로 부정한다.

新式 ↔ 非新式　　个别 ↔ 非个别
大型 ↔ 非大型　　正式访问 ↔ 非正式访问

3) 정도 부사의 수식을 받을 수 없다. 따라서 대부분 '很'으로 수식할 수 없다.

*很初级　　*很冒牌
*我们已经讨论出一个很基本的方案。[26]

4) 중심어를 생략하는 경우에는 '的'를 부가하여 '的'字구를 만들어야 한다.

这些产品都是冒牌的，质量很差。
*高档放这边，低档放那边。

---

26) 그러나 "这个表很高级。" 또는 "这个表非常高档。"같은 표현은 쓰이고 있다.

4. 상태형용사

1) 수식구조 형용사: 첫 음절의 명사성 어소가 다음 음절의 형용사성 어소를 비유적으로 수식하는 구조로 이루어진 형용사이다.

雪白　瓦蓝　笔直　冰凉　漆黑
血红　碧绿　滚圆　焦黄　煞白

첫음절이 비유적으로 정도가 심하다는 의미를 내포하고 있어 정도부사의 수식을 받을 수 없다.

像雪那样白 → 雪白　像冰那样凉 → 冰凉

2) 접사형용사: 형용사성 어소에 접사가 부가되어 이루어진 형용사이다. 묘사성이 강하고, 일부는 혐오스런 어감을 준다.

绿油油　亮晶晶　黑乎乎　孤零零
暖洋洋　香喷喷　乱哄哄
傻里吧叽(巴叽/吧唧)
黑不溜秋
滴溜圆　稀巴烂[27]

(1) 정도부사의 수식을 받을 수 없다.

*太阳很红通通的。

(2) 부정형식이 없다.

(3) 술어로 쓰일 때, 뒤에 '的'를 부가한다.

池水绿油油的。

(4) 관형어로 쓰일 때, 뒤에 '的'을 부가한다.

绿油油的麦苗

---

27) 여기에서 '滴溜'는 방울져 떨어지는 모양. '稀巴'는 산산히 흩어진 모양을 가리킨다.

(5) 부사어로 쓰일 때, 뒤에 '地'를 부가한다.

老太太一个人孤零零地生活着。

他傻里吧叽地站在那里，一句话也不说。

(6) 보어로 쓰일 때, 뒤에 '的'를 부가한다.

*他长得傻乎乎。

5. 형용사의 중첩

1) 중첩 방식

(1) 1음절형용사

AA	大大	长长

1음절 형용사는 중첩되면 대개 '儿化'되며, 두 번째 음절은 제1성으로 읽는다.

轻轻儿	慢慢儿

(2) 2음절형용사

AABB	清清楚楚	明明白白
	老老实实	整整齐齐

제2음절은 경성으로 발음한다.

(3) 수식구조 형용사

ABAB	雪白雪白	笔直笔直
	碧绿碧绿	滚圆滚圆
A里AB	胡里胡涂	土里土气
	罗里罗嗦	傻里傻气

2) 부가의미

정도를 나타낸다. 어떤 문장성분으로 쓰이느냐에 따라 정도의 심도가 다르다.

⑴ 술어나 관형어로 쓰일 때는 정도가 약함을 나타낸다.

那姑娘的眼睛大大的，脸红红的。

小华红红的脸，大大的眼睛真可爱。

她有一个高高的鼻子。

⑵ 부사어나 보어로 쓰일 때는 정도가 강함을 나타낸다.

他把收音机的声音开得大大的。

你仔仔细细地想一想，你到底写了借条没有？

3) 어법상의 특징

⑴ 중첩형은 정도를 나타내므로 정도 부사의 수식을 받을 수 없다.

*他对人很客客气气的。

*他们俩不过是很老老实实的北京人。

⑵ 형용사의 중첩 가능 여부는 전적으로 언어습관에 따르기 때문에 의미는 유사하더라도 어떤 것은 중첩할 수 있고 어떤 것은 중첩할 수 없다.

整齐 → 整整齐齐　　漂亮 → 漂漂亮亮

整洁 → *整整洁洁　　美丽 → *美美丽丽

⑶ 혐오·경멸의 의미를 내포하는 일부 폄의형용사는 A里AB식으로 중첩한다.

马虎　小气　拉杂　慌张　流气　邋遢

妖气 → 妖里妖气　　糊涂 → 糊里糊涂

罗嗦 → 罗里罗嗦　　傻气 → 傻里傻气

土气 → 土里土气　　漂亮 → *漂里漂亮

⑷ 형용사의 의미가 동사로 전성되면 동사의 중첩방식을 따른다.

咱们也热闹热闹！

大家休息休息，在树下凉快凉快。

제5절 수사

1. 종류

수사는 수를 나타내는 낱말로, 크게 기수와 서수로 나눈다.

1) 기수는 수의 크기를 나타내는 수사로, 정수, 분수, 소수, 배수, 어림수 등이 있다.

一, 二, 三, 四, 五…

2) 서수는 순서를 나타내는 수사를 가리킨다.

第一, 第二, 第三…

2. 수를 읽는 법

1) 정수

⑴ '万' 이상의 수는 '万'을 단위로 하며, '万'은 반드시 읽는다.

6,870,000 → 六百八十七万

⑵ '10~19'에서 십 자리의 '1'는 읽지 않는다. 이 이외의 '1'는 반드시 읽는다.

11 十一 19 十九
215 二百一十五 3,111 三千一百一十一

⑶ 여러 자릿수에서 중간의 빈자리는 '零'으로 읽는다. 단, 연이은 2개 이상의 빈자리는 개수에 상관없이 한번만 '零'으로 읽는다.

2,904 → 两千九百零四
20,094 → 两万零九十四

(4) 수의 끝이 '0'인 경우, '0'이 몇 개든 상관없이 읽지 않으며, '万' 이외의 마지막 자릿수는 생략할 수 있다.

254,900 → 二十五万四千九(百)
430,000 → 四十三万

그러나, 빈자릿수 뒤에 양사가 있는 경우에는 자릿수를 읽어야 한다.
120 一百二(十)　　120张电影票 → 一百二十张电影票

(5) 전화번호, 방번호 등 일련번호는 습관상 계수만 읽고 자릿수는 읽지 않으며, '1'은 'yāo(幺)'로 읽는다. 이외에 '7'은 'guǎi(拐)', '0'은 'dòng(洞)'으로 읽기도 한다.

3501688 → 三五零幺(yāo)六八八
415房间 → 四幺(yāo)五房间

(6) 증서 따위에 금액을 기재할 때는 '一, 二, 三, 四, 五, 六, 七, 八, 九, 十, 百, 千'을 다음 글자로 대신하기도 한다.

壹 贰 参 肆 伍 陆 柒 捌 玖 拾 佰 仟

(7) '二'과 '两'

① '2'가 단독으로 양사 앞에 쓰일 경우에는 '两'으로 읽는다.
两把伞　　两个人　　两瓶酒

중국 전통 단위 앞의 '2'는 '二'로, 서구에서 도입한 단위 앞의 '2'는 '两'으로 읽는다.
二寸　　二斤　　二亩地
两米　　两公斤　　两公亩[28]

② 2자리 이상의 수에서, 십자리와 끝자리 그리고 중간의 '2'는 '二'로 읽는다.

---

28) 100公亩(아르) = 1公顷(헥타르)=10,000㎡

二十三个　　　　十二课　　　　四万二千台

③ 2자리 이상의 수에서, 첫 자리의 '2'는 자리수가 '千' · '万' · '亿'이면 '两'으로 읽고, '百'이면 '二'로 읽기도 하고 '两'으로 읽기도 한다

2,587 → 两千五百八十七

26,734 → 两万六千七百三十四

④ 서수, 분수, 일련번호의 2는 '二'로 읽는다.

第二　　　　二姐　　　　二层

2/5(五分之二)　　　　1/2(二分之一)

324(三二四)　　　　8720(八七二零)

(8) 半

특수한 수사로 1/2에 해당한다.

① 단독으로 사용할 수 없으며, 일반적으로 양사 앞에 사용한다.

半碗饭　　　　半张纸

② 정수와 같이 사용하는 경우에는 양사 뒤에 사용한다.

一天半　　　　三张半

(9) 수를 물을 때에는 '多少'를 사용하거나 자리수 앞에 '几'를 사용한다.

这是多少?

你这个月工作了多少天?

今年你姐姐十几岁?

门前停着几十辆汽车?

2) 분수

일반적으로 '…分之…'의 형식으로 나타낸다.

二分之一　　　　三分之二　　　　五分之四

十分之一　　　　百分之一　　　　千分之一

1½ → 一又二分之一

분수는 수가 증가했을 때, 감소했을 때 모두 사용할 수 있다.

上个月产量是3万吨，这个月增加三分之一。
从二十减少到二。 ⇒ 减少了十分之九。

3) 소수

소수점은 '点'으로 읽으며, 소수점 앞은 정수로 읽고 소수점 뒤는 계수만 읽는다.

0.5 → 零点五
234.7308 → 二百四十六点七三零八

4) 배수

수사 뒤에 '倍'를 부가하여 나타낸다.

5倍

(1) '是……X倍'라고 할 때는 원래 수가 포함하고, '增加了X倍'라고 할 때는 원래 수가 포함하지 않는다.

原有五本书,又买来五本书,增加了一倍;现有书是原有书的两倍。
那个公司八月卖出去200辆，九月卖卖出去1200辆。
⇒ 那个公司九月份的汽车销售量比八月增加了五倍。
⇒ 那个公司九月份的汽车销售量是八月的六倍。

(2) 배수는 일반적으로 수량이 증가했을 때 사용한다.

去年产值3万元，今年产值增加两倍。

3. 어림수

이웃한 두 수를 연용하거나, 수사 뒤에 '来'·'多'·'把'·'左右'·'前后'·'上下'·'以上'·'以下' 등을 쓴다.

1) 이웃한 두 개의 수사를 연이어 써서 나타내되, 작은 수를 앞에 쓴다.

两三个　　十一二件　　三四十张
五六百本　　三四千人　　两三万吨
他年纪不大，也就有十七八岁。

⑴ '九'와 '十' 및 '十'와 '十一'는 연이어 쓸 수 없다.

⑵ 이웃하지 않은 두 수사를 연이어 쓰는 경우도 있다.

三五天　　百八十台　　千八百人

⑶ '三两'는 예외적으로 큰 수를 앞에 쓰며, '수가 적음'을 나타낸다.

2) 来 : 앞의 수사나 수량사가 나타내는 수치에 가까움을 나타낸다. 양사의 유형에 따라 '來'의 위치가 다르다.

⑴ 도량형류 양사: 도량형 '斤', '两', '尺', '寸' 등과 시간을 나타내는 '年', '月', '天', 조직기구를 나타내는 '连(중대)', '排(소대)', '班(분대)' 등

수사(1, 2, …, 9, 10) + 양사 + 来 + 명사

三个来小时　　六里来路　　五斤来米
*三来个小时　　*六来里路　　*五斤米来

수사('0'으로 끝나는 수사) + 来 + 양사 + 명사

五十来里(路)　　三百来斤(米)
四千来尺(布)　　三十来年(时间)

① 도량형류 양사에는 같은 계통의 상위 또는 하위 단위가 있다.

斤·两　　尺·寸　　年·天　　元·角

② 끝이 '0'으로 끝나는 수일 때는, '来'가 양사 앞에 올 수도 있고, 뒤에 올 수도 있다. 단, '来'는 앞에 놓인 수사나 수량사를 어림하기 때문에 양사 앞에 놓이느냐 뒤에 놓이느냐에 따라 나타내는 수치가 다르다.

十斤来肉 : 九斤八两～十斤二两肉

('斤'이 어림의 대상, 대략 한두 량이 많거나 적음)

十来斤肉 : 九斤～十一斤肉

('十'이 어림의 대상, 대략 한두 근이 많거나 적음)

(2) 개체 양사

수사('0'으로 끝나는 수사) + 来 + 개체 양사 + 명사

十来个人　　　　四十来本书

*十个来人　　　　*四十本来书

3) 多 : 앞의 수사나 수량사이 나타내는 것보다 약간 많음을 나타낸다.

(1) 수사(1, 2, …, 9) + 도량형류 양사 + 多 + 명사

三尺多布　　四块多钱　　两年多时间

(2) 수사('0'으로 끝나는 수사) + 多 + 개체 양사 + 명사

二十多个　　三百多棵　　五千多吨

끝이 '0'으로 끝나는 수일 때의 '多'의 용법은 '来'와 동일하다.[29)]

4) 把 : '百/千/万(자리수)' 및 '몇 몇 양사' 뒤에 쓰이며, 자리수와 양사 앞에 계수를 쓰지 않는데, '一'가 생략된 것으로 본다.

百把人 ⇒ 一百来人　　　　个把人 ⇒ 一､两个人

个把月 ⇒ 一个来月　　　　块把钱 ⇒ 一块来钱

5) 前后 : 시점을 어림할 때 사용된다. 시점을 나타내는 어휘는 수량사일 수도 있고, 명사일 수도 있다.

六点半前后　　元旦前后　　二十号前后

---

29) 비교: 一个多月　　十多个月
　　　　*一个多人　　十多个人

6) 左右, 上下 : 앞의 수량에 근접함을 나타내며, 늘 해당 어구의 끝에 놓인다. '左右'가 사용되는 범주가 더 넓다. '左右'는 수량사로 시간을 나타내는 경우, 시점과 시단 모두 어림할 수 있다. '上下'는 주로 나이를 나타내는 경우에 사용하는데, 성인에게만 사용한다. 따라서 '五岁上下'라고 하지는 않는다.

一个月左右	*一个左右月
二十公斤左右	*二十左右公斤
八十岁上下	*五岁上下

7) 以上, 以下: 수사 뒤에 사용되어 하한선과 상한선을 나타낸다. '以上'은 앞의 수를 포함하지만, '以下'는 앞의 수를 포함하지 않는다.

一百以上

二十岁以上的青年(20살 포함)

二十岁以下的青年(20살 불포함)

8) 几: 본래 의문대사이지만, 경우에 따라 불확정적인 수를 나타내기도 한다.

(1) 일반적으로 수가 '10' 이내임을 나타낸다.

院子里有几个孩子。

春假期间, 我想去看几位朋友。

(2) '적은 수치'를 나타낸다. 겸양 등의 이유로 의도적으로 수를 작게 하기 위해 사용한다.

刚学了几句英语, 就想做翻译, 真是笑话!

A: 你一定读了不少的书吧。B: 哪里, 哪里! 没读几本。

9) 两

(1) 불확정적인 수를 나타내기도 한다.

这两天，小王有点儿不舒服。

(2) '这么'와 같이 쓰여 '적은 수치'를 나타낼 수도 있다.

看了这么半天，才买了这么两本。

上课时间都过了，才来了这么两个人。

4. 서수

순서를 나타내는 수사로, 기본적으로 기수 앞에 '第'를 붙여 나타낸다.

第一天　　第二次　　第五周　　第三位

다음의 경우에는 '第'를 사용하지 않고 서수를 나타낸다.

년 : 二○○五年，二○○六年

월 : 一月，二月，……，十二月

일 : 一号，二号，……，三十一号；阴历初一，……，初十

등 급: 一等，二等，……；一级，二级，三级

친속항렬: 大哥，二哥，……；大伯，二伯……；二姨，三姨

건물층수: 一层，二层；一楼，二楼

배차편수: 头班车，末班车；8路，15路；79次，301次

조직기구: 三年级一班，二班；三组，四组；一厂，二厂

5. 기능

주로 양사나 준량사[30] 앞에 놓여 관형어로 쓰인다.

他有一本中文书。

30) '天, 年, 星期, 小时, 省, 市' 등이 있다.

수사가 다른 수 앞에서 관형어가 되는 경우에는 '的'을 써야 한다.

三的五倍是十五。
五是二十五的五分之一。

주어, 술어, 목적어로도 쓰인다.

九是三的三倍。
二等于四的二分之一。
三七二十一。
五八四十。
这是十。
十的一半是五。

6. 수사의 중첩

'一'에 한하여 중첩할 수 있다. 부사어로 쓰여 '하나하나, 차례로'의 의미를 나다낸다.

我把这里的情况一一向大家做了介绍。
对大家的提问, 他一一做了回答。

제6절 양사

사람이나 사물을 세는 단위나 동작을 세는 단위를 나타내는 낱말로, 크게 명량사와 동량사로 나눈다.

1. 명량사

사람이나 사물을 세는단위를 나타낸다. 단독으로 쓰일 수 없으며, 수사나 지시대사와 함께 쓰인다.

一张桌子　　两颗心
这所房子　　那群人

1) 전용양사

오로지 사람이나 사물을 세는 단위로만 쓰이는 양사로 개체 양사, 집합 양사, 도량사, 부정 양사 등이 있다.

⑴ 개체 양사: 개체의 사람이나 사물에 세는 데 사용된다.

① 일반적으로 명사에는 각기 특정한 양사가 있어서, 임의로 사용할 수 없다.

*一匹刀　　一把刀
*一条山　　一座山
*一把床　　一张床

같은 명사라도 결합하는 양사에 따라 나타내는 의미가 다르다.

你拿一张报纸来给我我要包东西。
他们办了一份报纸。[31)]

我准备在他结婚时送他一份礼物。
有一件礼物是在香格里拉买的。[32)]

他今年又有一部电影在国际上获奖。
我昨天晚上去电影院看了两场电影。[33)]

31) '一张报纸'는 종이로서의 신문을 가리키며, '一份报纸'은 사건을 널리 알리는 간행물로서의 신문을 가리킨다.
32) '一份礼物'은 개념으로서의 선물을 가리키고, '一件礼物'은 구체적인 실체로서의 선물을 가리킨다.
33) '一部电影'은 구체적인 영화 한 편을 나타내고, '两场电影'은 영화 본 횟수가 2번임을 나타낸다.

② 양사는 명사와 의미상 일정한 관련을 가진다.

把: 손잡이가 있는 기구	刀, 椅子, 扇子, 伞, 壶
本: 책	书, 词典, 杂志, 地图
滴: 액체 방울	眼泪, 水, 汗, 酒, 油
根: 가늘고 긴 물체	头发, 草, 棍子, 竹子, 黄瓜
棵: 식물 그루, 포기	树, 草, 花, 白菜
颗: 과립형의 물체	珠子, 心, 星, 子弹, 珍珠
粒: 작은 과립형의 물체	种子, 砂子, 米, 花生
条: 긴 물체	毛巾, 领带, 蛇, 路, 河
张: 평면으로 된 사물	床, 桌子, 纸, 照片, 嘴
支: 딱딱하고 곧고 긴 물체	钢笔, 笛子, 蜡烛, 枪, 烟34)
座: 크고 고정된 물체	山, 桥, 楼房, 塑像, 水库
家: 집 · 공장 등을 세는 단위	人家, 工厂
所: 학교 · 병원을 세는 단위	医院, 学校

③ '个'는 사용 범위가 넓어 여러 명사에 사용할 수 있지만, 임의로 사용해서는 안 된다. 중국어 습관에 맞게 각 명사 특유의 양사를 사용해야 한다

一个人	一个炒菜	一个工厂
一个相机	一个想法	一个习惯
一个学生	一个老师	一个记者
一个刀	一个眼泪	一个词典

⑵ 집합 양사: 두 개 이상의 개체로 이루어진 사물에 사용된다.

双 : 一双手, 一双袜子, 一双筷子

副 : 一副手套, 一副对联, 一副眼镜35)

对 : 一对夫妻, 一对花瓶, 一对鸽子

---

34) '一支烟'은 담배 한 개비, '一盒烟'은 담배 한 갑, '一条烟'은 담배 한 보루를 가리킨다.
35) 一副笑脸

套 ：一套房子，一套家具，一套纪念邮票

群 ：一群孩子，一群牛，一群人

批 ：一批货，一批学生，一批书

伙 ：一伙歹徒，一伙流氓

(3) 도량사 : 도량형의 계산 단위이다.

길이: 分, 寸, 尺, 丈, 里, 毫米, 厘米, 分米, 米, 公里, 英寸(=吋), 英尺(=呎)

용량: 毫升，升，公升

중량: 钱，两，斤，克，公斤，吨

면적: 分，亩，公顷，平方寸，平方尺，平方米

체적: 立方厘米，立方分米，立方米

(4) 부정 양사: 些，点儿

① 수사 '一'와만 결합하며, 문두에 오는 경우가 아니면 '一'는 생략할 수 있다.

一些　　　　一点儿

来了些人。

买点儿苹果。

我想查点儿资料。

② 어감상 '些'가 나타내는 수량이 '点儿'에 비해 많다.

这么些东西 〉 这么点儿东西

买了些水果。

买了点儿水果。

'些'는 앞에 '好'를 붙여 '수량이 많음'을 강조할 수 있다.

有好些事要做。

他有好些书。

③ '一点'은 사물에만 쓸 수 있고, 사람에는 쓸 수 없다.

一点儿东西　　　　*一点儿人

一些东西　　　　一些人

④ 부정문에서는 '点儿'만 쓸 수 있고, '些'는 쓸 수 없다.

*没有一些水。

这孩子没有一点儿规矩。

一点儿细流的水也没有。

⑤ '一点儿'과 '有点儿'

'一点儿'은 수량사이고 '有点儿'은 동사구이다. 따라서 '一点儿'은 관형어나 보어로 쓰이고, '有点儿'은 술어나 부사어로 쓰인다.

周围一点儿声音也没有。

这件衣服大了点儿。

这件衣服有点儿大。

(5) 준양사: 양사의 성격을 가지고 있어, 수사와 직접 결합할 수 있는 명사。

一(个)星期　　两(个)小时　　三(个)省　　两(个)市

五年　　四天　　两国

(6) 복합양사: 몇몇 양사가 연이어 쓰인 것

公斤・米/秒(kg・m/sec)[36]　　立方米/秒 (㎥/sec)

观众达两万多人次。

2) 차용 양사

(1) 용기나 신체를 나타내는 명사가 임시로 양사의 기능을 할 때, 이를 차용 양사라 한다.

桌子: 一桌子饭菜　　身: 一身西装

端来两盘饺子。

拿来一瓶子酱油。

36) '每秒公斤米'로 읽는다.

(2) 어떤 명사는 ‘一’와 함께 명사를 수식하여 ‘满(가득)’·‘整个(전부)’의 의미를 나타낸다. 뒤에 ‘的’를 붙일 수도 있다.

流了一地(的)水	出了一脸(的)汗
灌了一肚子(的)啤酒	摆了一桌子(的)照片
看了一假期(的)书	唱了一路(的)歌
坐了一屋子人	摆了一床东西

2. 동량사

동작을 세는 단위를 나타내며, 문장에서는 주로 보어로 쓰인다.

1) 전용 양사

(1) 次: 반복 출현하는 동작의 회수를 나타낸다.

这个电影我已经看过两次了。

这个电影他看了两次, 都没看完。

(2) 回: 반복 출현하는 동작의 회수를 나타낸다. ‘次’보다 구어적 색채가 강하다.

这个故事他听过三回了。

这是怎么一回事?

(3) 趟: 왕복한 회수를 나타낸다.

他去了趟上海。

(4) 遍: 한 동작이 시작해서 끝나기까지(처음부터 끝까지) 전 과정의 회수를 나타낸다.

把设备仔细检查一遍。

你把课文从头到尾念一遍。

(5) 下: 비교적 짧고 경미한 동작의 회수를 나타낸다.

他摇了几下旗子。

他敲了桌子一下。

'一'와 같이 쓰여, 동작의 지속 시간이 짧음을 나타내거나, 어기를 부드럽게 한다.

帮我把桌子抬一下。

你得去一下儿。

对不起，你等一下儿。

(6) 顿: 식사, 질책, 구타, 욕 등의 동작 회수를 나타낸다.[37)]

每天吃三顿饭。

爸爸狠狠打了他一顿。

(7) 阵: 돌발적이고 비교적 짧은 상황에 쓰인다.

刚才刮了一阵大风。

下了一阵雨。

台下爆发了一阵热烈的掌声。

(8) 场: 문예활동, 체육활동 또는 눈, 비 따위의 진행 회수를 나타낸다.[38)]

剧团连续演了三场京剧。

(9) 番: 시간이나 힘이 많이 소요되는 행위[39)]의 회수를 나타낸다.

他认真地研究了一番。

2) 차용 양사

동작행위의 도구나 인체 부위를 나타내는 명사가 임시 양사로 쓰이는 경우, 이를 차용 양사라 한다.

---

37) '骂了一顿', '说了一顿', '批评了一顿' 등등.

38) '下了一场大雪', '下了一场大雨', '大病一场', '得了一场病'' 등등.

39) '讨论, 打扮, 狂饮, 训斥, 训示' 등의 동사에 쓰인다. '训斥一番', '训斥了一顿', '训示了一番' 등등. 또한 동사 '翻(fān)' 뒤에 쓰여 배수를 표시하기도 한다. 예를 들어 '翻两番'은 '4배 늘다', '翻三番'은 '8배 늘다'의 뜻이다.

打了一针　　　　咬了一口
画了一笔　　　　看了一眼
砍了一刀　　　　打了一巴掌

3. 화폐 단위

1) 중국 화폐는 '人民币'이다. '人民币'의 단위에는 서면어에서 사용하는 '元·角·分'과 구어에서 사용하는 '块·毛·分' 두 종류가 있다.

元	角 = 1/10元	分 = 1/10角
块	毛 = 1/10分	分 = 1/10毛

2) 액수는 수사와 양사(화폐 단위)가 명사 '钱'을 수식하는 구조로 나타낸다. 일반적으로 구어에서는 명사 '钱'을 생략한다.

一块(钱)　　　　一毛(钱)　　　　一分(钱)

3) 금액을 아라비아 숫자로 쓸 때는 '元'만 사용한다.

0,20元	两角(钱)	两毛(钱)
9,75元	九元七角五分(钱)	九块七毛五分(钱)

4) 구어에서는 마지막 단위를 일반적으로 생략하여 말하지 않는다.

1,20元	一块二(毛)
2,22元	两块两毛二(分)

4. 시간 단위

1) 시간 명사 앞에 수사를 직접 사용하거나, 수사와 시간 명사 사이에 양사를 사용하여 나타낸다.

年　星期　天　夜　小时　分(钟)　秒(钟)

'星期'와 '小时' 앞에는 양사 '个'를 붙일 수 있지만, 나머지는 양사를 붙일 수 없다.

一(个)星期　这(个)星期　两(个)小时　上(个)星期

*三个年　*五个天　*一个夜　*十个秒

2) 연월일의 표시

(1) 년: 일반적으로 자리수는 생략하여 읽지 않는다.

2017 A.D.　公元二零一七年[40]

230 B.C.　公元前二百三十年

(2) 월: 수사 뒤에 '月'를 써서 나타낸다.

几月　一月　二月　三月　四月　……　十二月

(3) 일: 수사 뒤에 '日'나 '号'를 써서 나타낸다. 구두어에서는 '号'를 쓴다.

几日　一日　二日　……　三十一日

几号　一号　二号　……　三十一号

(4) 요일: '星期' 뒤에 수사를 써서 나타낸다.

星期几　星期一　星期二　……　星期六　星期日(星期天)

(5) 년, 월, 일, 요일의 순서로 때를 나타낸다.

一九九八年 五月 五日 星期二

40) '公元13年, 公元105年'처럼 두세 자릿수인 경우는 일반적으로 자릿수를 읽고, '公元1919年'처럼 네 자릿수인 경우는 일반적으로 자리수를 읽지 않는다.

3) 연월일의 기간 표시

(1) 년: 수사 + '年'

他工作十二年了。

(2) 月: 수사 + 个 + 月

一年有十二个月。

(3) 日: 수사 + 天, 수사 + 日

(4) 주: 수사 + (个) + 星期

一个星期有七天。

4) 시각 표현법

(1) 수사와 양사 '点' '分' '秒'이 함께 명사 '钟'을 수식하는 구조로 표현한다. 단, 구어에서는 일반적으로 명사 '钟'을 생략하며, 마지막 단위도 생략할 수 있다.

数词 + 量词 + 名词

几　　点　　钟

1: 00	一点(钟)
2: 20	两点二十(分钟)
3: 15	三点十五(分钟), 三点一刻
4: 05	四点(零)五(分)
5: 30	五点三十(分), 五点半
6: 45	六点四十五(分), 六点三刻, 差一刻七点

(2) '什么时候?', '什么时间?', '几点?' 등으로 의문을 나타낸다.

A: 现在什么时候了?　B: 已经半夜了。

A: 什么时间了?　B: 下午三点半了。

5) 시간의 양 표시

⑴ 小时　　钟头　　刻钟　　分钟　　秒钟

수(량)사 + 上午/晚上/夜/天/星期/学期

⑵ '小时'와 '钟头': '小时'는 준양사이고, '钟头'는 명사이다.

一小时　　　　　　*一钟头

一个小时　　　　　　一个钟头

⑶ '多长时间?'·'多少时间?' 등으로 의문을 나타낸다.

A: 这学期有多长时间?　　　　　　B: 五个半月。

A: 从这儿到火车站用了多少时间?　　B: 三十分钟。

6) 어림 시간

⑴ '前后', '左右', '多' 따위로 어림 시간을 나타낸다.

快起床吧, 都八点多了, 还睡什么觉!

⑵ '左右'는 시각과 시단(시간의 양)을 모두 나타낼 수 있지만, '前后'는 시각만을 나타낸다. '左右'는 수량사로 시간을 표현하는 경우에만 쓰이고, '前后'는 수량사와 명사로 시간을 나타내는 경우에 모두 쓰일 수 있다.

五点左右　　　　　　五个小时左右

五点前后　　　　　　春节前后

⑶ '一会儿'은 짧은 시간을 나타낸다.

看了一会儿

5. 중첩

1) 명량사의 중첩

일반적으로 모두 중첩할 수 있다. 중첩된 명량사는 주어, 주어의 동격어, 주어 중의 관형어, 부사어로 쓰이며, '每'의 의미를 나타낸다.

我们班的男生个个都英俊。

这几年粮食年年都是大丰收。

朵朵葵花向太阳。

条条大路通罗马。

他天天做早操。[41]

2) '개체로 이루어진 전체'를 나타내어, '모두 예외가 없음'의 뜻이 담겨져 있다. 일반적으로 '전체 중의 각각의 개체'를 가리키는 데에는 사용하지 않는다. 반면에 '每'는 '전체 중의 각각의 개체'도 가리킬 수 있고, '개체로 이루어진 전체'도 가리킬 수 있다.

他们班在学习方面每个人都很努力。

他们班在学习方面人人都很努力。

这个孩子每个月都生病。

这个孩子月月都生病。

他们班每个人努力的程度都不一样。

*他们班人人努力的程度都不一样。

这个孩子每个月病一次。

*这个孩子月月病一次。

3) 동량사의 중첩

주어로 쓰일 때는 '每'의 의미를, 관형어나 술어로 쓰일 때는 '多'의 의미를, 부사어로 쓰일 때는 '차례로'의 뜻을 나타낸다.

看电影，回回都少不了他。

他家顿顿吃米饭。

天气突变，刮起了阵阵狂风。

41) '天'은 시간을 나타내는 준량사이다.

会场里掌声阵阵。

敌人步步紧逼，我们毫不畏惧。

6. 수량구

수사와 양사가 결합된 구를 수량사 또는 수량구라고 한다.

两把钥匙　　走一趟　　一些礼品

1) 어순이 고정되어, 수사는 반드시 양사 앞에 위치해야 하며, 수량구는 명사 앞에 위치해야 하나, 통계를 나타내는 경우에는 수량구를 명사 뒤에 위치시킬 수도 있다.

八条　　十米　　五遍

一个人　　两支笔　　三张纸

书三本，本子二十个，铅笔两支。

2) 수량구가 관형어로 쓰이는 경우에 '的'을 사용하지 않는다. 단, 양사가 해당 명사의 특정 양사가 아닌 경우에는 '的'을 사용해야 한다.

一本书　　三块钱　　一刻钟

一公斤的书　　三件的钱　　一场的时间

3) '一'는 문두에 오는 경우가 아니면 생략할 수 있다. '一'를 부각시키지 않기 위해 일부러 생략하기도 한다.

上了趟街　　看场电影　　穿了套西装

4) '(수사+양사) + 사람 명사' 뒤에는 '们'을 쓸 수 없다.

五位老师　　*五位老师们

5) 수량구 중간에는 일반적으로 다른 성분을 삽입할 수 없다.

*一大座桥	一座大桥
*一高匹马	一匹高马

*老師手里抱着一厚本词典。

*他扛着一大件行李。

그러나, 명사가 나뉠 수 있는 사물이고 양사가 집합양사나 차용양사일 경우에는 양사 앞에 '大'나 '小' 등을 사용할 수 있다. 이러한 표현은 크기를 강조하여 과장하는 효과가 있다.

一大块面包	两小片牛肉	三大张纸
一大群人	一小批货	一长排椅子
三大碗汤	一满杯酒	一小包衣服

我喝了一大瓶子汽水儿。

晚上他吃了一大碗饭。

6) 기능

(1) 명량사 수량구는 주로 관형어로 쓰인다. 피수식어가 생략되면, 주어, 목적어, 술어로 쓰일 수 있고, 형용사 뒤에서 보어로 쓰여 비교의 구체적인 차이나 길이, 높이, 깊이 따위를 나타낸다. 서수로 구성된 수량구는 부사어로 쓰일 수 있다.

他给我讲了一个故事。

你这个学期都选了什么课? 一门是中国历史, 一门是中文写作。

昨天我们去商店买衣服, 我买了两件, 小李买了一件。

小李今年十八岁了。

这是我第二次来中国了。

这张桌子比那张桌子高一厘米。

这块布长八米。

这件衣服的颜色深一些。

(2) 동량사로 구성된 수량구는 주로 보어로 쓰이며, 상황에 따라 부사어나 관형어로 쓰이기도 한다.

老师傅把头轻轻点了一下。

我好好儿跟他说，他却踢了一脚。

我一次只能拿十本。

这场电影演的时间真长。

我一次京剧也没看过。

7) 중첩

명량사로 구성된 수량구의 중첩형은 관형어로 쓰여 '每'의 의미를, 부사어로 쓰여 '逐一'의미를 나타내며, 동량사로 구성된 수량구의 중첩형은 관형어나 부사어로 쓰여 '多'의 의미를 나타낸다.

(1) 명량사로 구성된 수량구의 중첩

관형어로 쓰여 사물이나 회수가 '하나하나씩 모여 많음'을 나타낸다. 이때 수사는 '一'로 한정되며, 중첩형 뒤에는 '的'를 사용한다.

一支一支的救援队伍奔向灾区。

桌子上摆着一盘一盘的水果。

중첩되는 수사 '一'를 생략할 수 있는데, 이때 뒤에 '的'는 사용하지 않는다.

一张张熟悉的面孔　　　　一件件往事

이렇게 관형어로 사용되는 수량구 중첩형식의 기능은 묘사에 있어, 일반적으로 사물이 하나 하나 모여 많이 있는 모양을 묘사하고자 할 때 사용하며, 단지 사물이 많은 것을 서술하고자 할 때는 수량구의 중첩형식을 사용하지 않는다.

* 看到这里，一个一个的孩子笑了起来。

* 我很喜欢看小说，我想买一本一本的小说。

또한, 명량사로 구성된 수량구의 중첩형은 부사어로 쓰여 동작의 진행방식을 나타낸다.

他仔细地一笔一笔地画着。

孩子们排着队两个两个地走进教室。

뒤에 '地'를 사용해야 한다. 중첩되는 수사 '一'는 생략할 수도 있는데, 이때는 뒤에 '地'도 사용하지 않아도 된다.

一天天(地)暖和起来了。

一步步(地)争取过来。

수량구로 동작의 진행 방식을 나타내는 경우에는 반드시 수량구의 중첩형을 사용해야 한다.

*小汽车四辆地通过这里。

⑵ 동량사로 구성된 수량구의 중첩형

관형어로 쓰일 때나 부사어로 쓰일 때나 중첩에 사용되는 수사는 '一'로 한정된다.

관형어로 쓰일 때는 동작의 횟수가 '하나하나씩 쌓여 많음'을 나타낸다.

一次次(的)失败，并没有吓倒他。

一场一场的比赛，搞得他精疲力尽。

중첩되는 수사 '一'를 생략할 수 있는데, 이때 뒤에 '的'는 사용하지 않는다.

부사어로 쓰여 동작의 회수가 많음을 나타낸다. 일반적으로 뒤에 '地'를 사용하는데 생략할 수도 있다.

她一遍一遍地嘱咐我，生怕我忘了。

提着大铜壶，一趟一趟(地)给客人冲茶。

제7절 대사

지시, 대체의 기능을 가진 단어를 가리키며, 인칭대사, 지시대사, 의문대사의 3가지가 있다. 지시인지 대체인지는 문맥에 따라 정해진다.

喂, 阿里, 这个网球拍是你的吗? (지시)
李明得了单打冠军, 这是他刻苦练习的结果。(대체)
老王是一个正直的人, 我们也应该做那样的人。(대체)

1. 인칭대사

제1인칭:	我(단수)	我们(복수)
제2인칭:	你(단수)	你们(복수)
제3인칭:	他(남성 단수)	他们(남성 복수)
	她(여성 단수)	她们(여성 복수)
	它/牠(사물 단수)	它们(사물 복수)

남녀가 혼성된 3인칭을 가리킬 때에는 '他们'을 사용한다.

'您'는 2인칭의 존칭으로 일반적으로 복수형이 없다. 서면어에서는 '您们'을 사용하기도 하나, 일반적으로는 뒤에 수량사를 사용하여 복수를 나타낸다.

您几位

1) 인칭대사의 활용

(1) '我, 你'는 편지, 공문, 신문기사 등 서면어에서 단체나 집단을 나타내는 명사 앞에 사용되어 복수('我们, 你们')을 나타낸다.

我厂　　你处　　我军　　你俩
我校正在开展校园文明建设。
你方代表是谁?

(2) '我' 대신 '我们'을 사용하여 공손함을 드러낸다.

上周我们讲完了第九课，现在我们讲第十课。

以上我们介绍了唐代的诗歌，下面我们来介绍唐代的散文。

(3) '你们' 대신 '我们'을 사용하여 친밀감을 나타낸다.

同学们，我们要为祖国的建设而努力学习啊!

我希望我们每一个小朋友都能树立远大的理想。

(4) '你'로 불특정인을 가리킨다.

你要想做好工作，你就得好好学习。

(5) 서로 다른 인칭대사를 앞뒤에 병용하여 불특정인을 나타낸다.

你一言我一语，发言很热烈。

孩子们你唱一个歌，他跳一个舞，玩得高兴极了。

他们你一句我一句议论纷纷。

来，不要你推我让的，大家都来尝尝。

2) '咱们'과 '我们'의 구별

'咱们'은 화자와 청자를 포함한 모두를 가리킨다. '我们'은 화자와 청자 모두를 가리키기도 하고 화자 한 쪽만 가리키기도 한다.

我们都是教师。(화자+청자)

咱们都是一个单位的。(화자+청자)

위의 '我们'과 '咱们'은 화자와 청자를 모두 포함한다.

我们还有事，你可以先走。(화자)

您快来，咱们一起商量。(화자+청자)

위에서 '我们'은 청자를 포함하지 않으며, '咱们'은 화자와 청자를 모두 포함한다.

'우리 가자!'라고 할때에는 청자를 포함하므로 '我们走吧。'라고 할 수도 있고, '咱们走吧。'라고 할 수도 있지만, '우리 갈게.'라고 할 때에는 청자를 포함하지 않으므로 '我们走了。'라고 하고, '*咱们走了。'라고 할 수 없다.

'우리 엄마'라고 할 때에는 '我妈妈'라고 하며, 여러 형제들이 모여서 자신들의 어머니를 지칭할 때에는 '咱们的妈妈'라고 하며, 어머니들끼리 모여서 자신들을 말할 때는 '我们妈妈'라고 한다. 이때 '我们'과 '妈妈'는 동격이다.

3) 人家 rénjia

⑴ 화자와 청자를 제외한 사람을 가리킨다.

我听人家说你们搬家了，是吗?

⑵ 삼인칭을 가리킨다. 앞에서 언급한 사람, 주로 복수를 가리킨다.

一班的同学团结得很好，我们应该向人家学习。

⑶ 일인칭을 가리킨다. 젊은 여인들이 애교를 부릴 때 주로 사용하며, 친근한 느낌을 준다.

人家都急死了，你们还开玩笑，快告诉我吧。

你拿了人家的东西，也不说一声。

⑷ 누군가에 대해 남과는 다른 자신의 견해를 피력할 때, 그 앞에 동격어로 사용한다.

人家小王又聪明又能干。

4) 别人

⑴ biéren 남. 자신이나 어떤 사람을 제외한 사람을 가리킨다.

别人有了困难，咱们应该热情帮助。

别人不干，我干。

⑵ biérén '그 밖의 다른 사람'을 가리킨다.

我家只有我和我爱人，没有别人，你来玩吧。

5) 大家

(1) 화자와 청자를 모두 포함한 다수를 가리킨다.

请大家安静，现在开始上课。

(2) 화자나 청자 중 한 쪽만을 지칭하거나 화자와 청자를 모두 포함하지 않은 다수를 지칭한다.

大家都很喜欢读您的作品。(청자 제외를 제외한 다수)

看，大家向我们招手呢！('화자+청자' 모두 제외한 다수)

我代表全厂工人感谢大家对我们的热情支持。(복수의 청자)

(3) 인칭대사의 뒤에서 동격어로 활용된다.

我们大家一起动手，一会儿就干完。

他们大家都说小王的功课最好。

(4) '大伙儿'은 구어에서만 쓰인다.

6) 自己

(1) 어느 한 인칭이 아니라, 앞에 출현했던 어떤 사람이나 사물을 지칭한다. 인칭대사나 인물 명사가 한 문장에 다시 나올 때는 '自己'로 대체해야 한다.

小王要求自己很严格。

他总是把别人的困难当做自己的困难。

(2) 인칭대사나 명사 뒤에 쓰여 동격어로 활용된다.

他自己生活十分俭朴。

这种机器自己有控制机构。

(3) 동사나 형용사를 수식하는 부사어로 활용된다.

王老师别客气，要吃什么您自己拿。

枫树的叶子一到深秋就自己红了。

⑷ '自己'가 동격어로 쓰일 경우에는 그 앞에 부사를 사용할 수 없다.

*他又自己生活十分俭朴。

*这件事情怪我还自己做得不对。

⑸ '我'를 대체한다.

他的表扬对自己是一个鞭策。

⑹ 범칭을 나타낸다.

自己动手，丰衣足食。

自己的事应该自己做，不能依靠别人。

⑺ 관형어로 쓰여 서로 친근한 사이임을 나타낸다.

到我家来做客的都是自己人，大家都不必客气。

你有什么事就说吧，在座的都是咱们自己人。

2. 지시대사

사람이나 사물을 지칭하며, 문장에서 명사, 동사, 형용사, 부사를 대체한다.

这里气候变化无常。

他对待工作总是这么认真负责。

기본적인 대사는 '这'와 '那'이며, 이로부터 여러 대사가 파생된다.

这	这里	这儿	这么	这样
那	那里	那儿	那么	那样
每	各	某	有的	

1) 这，那

단독으로 쓰일 수도 있고, 다른 어구와 함께 쓰일 수도 있다.

⑴ 홀로 쓰여 사람이나 사물을 지칭한다. 일반적으로는 주어의 위치에서는 사물만을 지칭한다. 단, '是'자문에서는 사람을 지칭할 수도 있다.

这我都见过。

那不算什么帮助。

这是王院长，那是外科主任。

这是我们的车间主任。

동사의 목적어로 쓰이는 경우는 거의 없으나, 전치사의 목적어로는 쓰인다.

您把这都交给我吧!

他对那不感兴趣。

단, 뒤에 양사를 부가하면 동사의 목적어로도 쓰일 수 있다.

我看这本，你看那本。

구나 문을 대체할 수 있는데, '这'가 더 폭넓게 사용된다.

你来看我，那才怪!

你觉得热，这是因为你第一次到南方。

(2) 명사나 '수량사 + 명사'와 연용하여 사람이나 사물을 특정한 것으로 만든다.

这人真有意思。

那两棵树是我年轻时栽的。

(3) 부정관사 '点儿'과 함께 사용되어 소량을 나타낸다.

这点儿事，我一个人能做完。

(4) 부정관사 '些'와 함께 사용되어 두 개 이상의 사람이나 사물을 나타낸다.

这些就是我的意见。

那些东西好。

(5) 한 문장에 '这'와 '那'가 함께 사용되어 불특정한 것을 표시한다.

两个人见面后，说说这，说说那，高兴极了。

他在玩具店里，这也想摸摸，那也想动动。

2) 这里(这儿), 那里(那儿)

장소를 나타낸다. '这儿'과 '那儿'이 구어에서 보다 많이 쓰인다.

(1) 홀로 주어, 목적어, 관형어, 부사어로 쓰인다.

来, 这里坐。

(2) 사람이나 사물을 나타내는 명사, 인칭대사, 의문대사 '谁' 뒤에 부가되어 앞의 어구를 장소 표현으로 만든다. 동사 '来, 去, 到, 上, 回, 在' 등이나 전치사 '在, 从' 등은 항상 장소 목적어를 취하는데, 이들 뒤에 비장소 목적어가 오면 '这里' 등을 써서 장소 표현으로 바꾸어야 한다.

你去谁那儿了?

沙发那儿光线不好, 你到桌子这儿来看书吧。

3) 这会儿, 那会儿

(1) 홀로 쓰이는 경우, '这会儿'은 '这个时候'의 의미로 '现在', '当前'을 가리키며, '那会儿'은 과거나 미래의 어느 시간을 가리킨다.

早晨有点儿冷, 这会儿暖和了。

那会儿, 我还是个孩子, 什么也不懂。

(2) 과거나 미래를 가리키는 시간사 뒤에서 과거나 미래의 어느 시간을 가리킨다.

明年这会儿我们就大学毕业。

每天上下班那会儿, 来往的车辆最多。

4) 这么, 那么

(1) 부사어로 심리동사나 형용사를 수식하여 정도를 나타내고, 일반동사를 수식하여 방식을 나타낸다.

他已经有你这么高了。

你这么热情地招待我，我可真不好意思了。

这个字应该这么写，那么写就错了。

(2) 주어나 술어로 쓰여 어떤 동작이나 방식을 나타낸다. 술어로 쓰일 때는 흔히 뒤에 '着'가 부가된다.

这么行，那么也行。

这么是顺时针方向，那么是逆时针方向。

咱们就这么着吧，先到小王家集合，然后一起出发。

(3) 뒤에 수량사를 취하여 관형어가 될 수 있다.

这种花总有那么一股香味，闻起来叫人心醉。

(4) '那么'는 수량사 앞에 쓰여, 개략적인 수치에 대한 추측을 나타낸다.

从这儿到机场有那么七八十里地。

5) 这样，那样，这么样，那么样

(1) 상태나 상황을 나타낸다. 주어, 술어, 목적어, 관형어, 보어 등으로 쓰인다.

你不应该对他那样，他还小，不懂事。

敌人把他折磨成这样，他也没招供。

这样就行，不必改了。

这样的民族，永远不会倒下去。

写得这样就算成了。

(2) 정도나 방식을 나타낸다. 부사어로 쓰인다.

那位姑娘是那样热情，那样爱帮助人。

这样做使大家更团结。

(3) '这样，那样'이 한 문장에 함께 쓰여 불특정의 상황을 나타낸다.

这部电影有这样那样的缺点。

这段话可以这样或那样地理解。

⑷ 문장이나 구를 대체한다.

我读了两遍，又请人讲了一遍，这样，我才懂了。

如果大家同意这个方案，那么，咱们就干起来吧。

6) 每

전체를 구성하는 모든 개체를 가리키기도 하고, 개체로 구성된 전체를 가리키기도 한다.

老校长对全校每一个同志的情况都很清楚。

你说的每一句话我都听懂了。

⑴ 흔히 부사 '都'와 같이 쓰인다. 그러나, '常'과는 동시에 한 문장에 쓰일 수 없다.

他每天都来这儿。

每种词典都很贵。

*他每天常来这里。

*每天下午我们常打球。

⑵ 일반적으로는 직접 명사와 함께 쓰일 수 없으나, 양사의 성격을 지닌 '天, 日, 月, 年, 星期, 人, 小时, 分钟' 등과는 직접 결합할 수 있다.

*每桌子 ⇒ 每张桌子

⑶ 동사를 수식하여 같은 동작이 규칙적으로 반복됨을 나타낸다.

每到夏天，他就去北方旅行。

每隔五米种一棵树。

3. 의문대사

의문을 제기하는 데 사용되는 단어를 가리킨다.

谁　什么　哪　哪里　哪儿

几　多少　怎么　怎样　怎么样

1) 谁

⑴ 사람을 물을 때 사용하며, 문장 중에서의 위치와 용법은 명사와 동일하다.

⑵ 단수와 복수의 구별이 없다.

⑶ 관형어가 되어 소유관계를 나타낼 때는 뒤에 '的'을 써야 한다.

这是谁的书?

谁的身体最好?

2) '什么'

⑴ 단독으로 쓰여, 사물이나 동작이나 성질 상태를 묻는다.

你喜欢什么? 我喜欢书。

你喜欢什么? 我喜欢游泳。

你喜欢什么? 我喜欢安静。

⑵ '时候', '地方' 등의 명사와 결합하여 시간이나 장소를 물을 수 있다.

你什么时候走?

这次出差到什么地方去?

⑶ '为'와 결합하여 원인을 물을 수 있다.

你为什么来晚了?

⑷ 관형어로 쓰여 사물의 성질이나 종류를 물을 때는 '的'을 쓰지 않는다.

这是什么树?

铁生锈是什么原因?

⑸ 관형어로 쓰여 소유관계를 나타낼 때에는 '的'을 써야 한다.

这是什么的味儿?

这是什么的声音?

(6) '什么人'과 '谁'

둘 다 사람의 성명, 직업, 신분을 묻는 표현이다. 단, '什么人'을 사용하면 다소 무례한 어감을 준다. 관계를 물을 때는 '什么人'만 사용할 수 있다.

*他是你的谁?

他是你的什么人?

3) 哪

'这, 那'의 의문형식으로, 사람이나 사물을 지시한다. 홀로 쓰이기도 하지만, 대다수의 경우, 양사와 함께 쓰인다.

哪是你的书包?

哪是你的妹妹?

哪位是新来的学生?

这三种颜色, 你最喜欢哪种?

'年, 月, 天' 등과 같이 쓰여 시간을 묻는다.

你哪年来中国的?

你哪天有时间?

4) 哪里(哪儿)

장소를 묻는 의문사로, '哪儿' '哪里'보다 구어적이다.

哪里写错了?

这个消息从哪里得到的?

'哪里'는 대화에서 단독 또 중복 사용하여 완곡한 부정을 나타낸다.

A : 你比我念的书多, 知道的多。B : 哪里哪里。

A : 同志, 麻烦你了! B : 哪里! 是应该的。

5) 多会儿

'什么时候'의 의미이다. 술어가 되어 日期를 묻는다.

A : 你多会儿动身? B : 明天下午。
A : 今儿多会儿了? B : 快春节了吧?

6) 哪会儿

'这会儿', '那会儿'의 의문형식이다.

那是哪会儿的事了?

7) 怎样, 怎么样

방식, 성질, 상태를 묻는 의문대사이다. 방식을 물을 때는 일반적으로 부사어로 쓰이며, 성질이나 상태를 물을 때는 주로 관형어로 쓰이는데, 뒤에 '的', '(的) + 一 + 量词'를 부가하며, 술어, 목적어, 보어로도 쓰인다.

你是怎么样来的, 坐车来的还是骑车来的?
下一步应该取怎样的行动?
橡胶树是怎样一种树呢?
阿里学习怎么样?
你看怎么样? 就这么定了吧。
这个字写得怎么样?

8) 怎么

방식이나 원인을 묻는 의문대사이다. 원인을 물을 때는 주어 앞에 위치할 수도 있고, 뒤에 위치할 수도 있다.

这个汉字怎么写?

你是怎么来的，坐车来的还是骑车来的？
你怎么没去看电影？
怎么教室里这么乱？

(1) 뒤에 수량사를 동반하여 관형어로 쓰여 성질이나 상태를 묻을 수 있다.
这是怎么(一)回事？
你姐姐是怎么个人？

(2) 뒤에 '了'를 동반하여 술어로 쓰여 상황을 묻을 수 있다.
小红怎么了？

9) 几，多少

수를 묻는 의문대사이다. '几'는 '1-10' 사이의, 어느 정도 가늠할 수 있는 수를 물을 때 사용하며, '多少'는 전혀 가늠할 수 없거나, 십 이상으로 가늠되는 큰 수를 물을 때 사용한다.

人一个小时能走几公里？
火车一小时能走多少公里？

(1) 명사를 수식할 때, '几'는 반드시 양사를 동반해야 하는 반면, '多少'는 양사를 생략할 수 있다. 모두 부정 양사 '点儿'이나 '些'와는 결합하지 못한다.
你有几个孩子？
那个幼儿园有多少(个)孩子？

(2) '几'는 자릿수의 앞과 뒤에 모두 쓰일 수 있으나, '多少'는 '亿' '万' 자릿수의 앞에만 쓰일 수 있다.
现在世界人口是几十亿？
今年的财政收入是多少亿？

(3) '几'는 '哪'의 수식을 받을 수 있으나, '多少'는 '哪'의 수식을 받을

수 없다.

这个星期里你哪几天比较空?

(4) '几'와 '多少' 모두 부정 수량을 나타낼 수도 있다.

街上，十几个小伙子在练长跑。

目前，这种商品来多少就卖多少，是畅销产品。

10) 의문대사의 활용

(1) 반어문 구성

반어문은 형식은 의문문이나, 의문을 제기하는 데에 목적을 두지 않고 문장의 의미를 강조하는 데에 목적을 두는 문장을 말한다. 따라서, 반어문에는 답변할 필요가 없으며, 부정문이면 긍정의 의미를 강조하며, 긍정문이면 부정의 의미를 강조한다.

谁不知道老张是个忠实可靠的同志?

你着什么急? 有话慢慢说嘛。

这件事是他经手办的，他怎么不了解情况?

人家小林多会儿说过别人的坏话?

今天是你们俩大喜的日子，我们哪能不来祝贺呢?

王师傅是一位老司机，整个北京城哪儿没去过?

事情不是他经手的，他哪里了解情况?

(2) 임지('任指')

임의의 모든 물건이나 사람을 지칭하여, 어느 것이 선택되어도 결과는 변함이 없음을 나타낸다.

① 뒤에 부사 '都'나 '也'를 사용한다. 문장 머리에는 '无论'이나 '不管' 등의 접속사를 사용할 수도 있다.

谁他都帮助过。

他第一次来中国，他哪儿都想去看看。

不管你怎么问他，他也不嫌烦。

② 같은 의문대사 두 개를 문장의 앞뒤에 사용한다. 두 의문대사는 같은 것을 가리키며, 앞 절이 나타내는 조건 아래에서는 의문대사가 지칭하는 것이 모두 예외 없이 적용됨을 의미한다. 주로 복문이나 긴축문[42]에서 활용되며, 앞 절은 뒷 절의 조건을 나타내기 때문에 뒷 절에는 일반적으로 부사 '就'를 사용한다.[43]

谁知道谁回答。

谁学习好，我就向谁学习。

哪种便宜就买哪种。

你哪会儿有空儿，我哪会儿来。

你愿意怎么去就怎么去。

③ 불특정한 것 지칭

모르거나 말할 수 없거나 밝힐 필요가 없는 사람이나 사물을 가리킨다.

这件事好像谁告诉过我。

你坐哪儿等一会儿，我就来。

---

42) 긴축문(緊縮文)은 형식상으로는 단문이나 복문의 의미를 나타내는 문장을 가리킨다.

43) 두 개의 같은 의문대사를 한 문장에 함께 사용하지만, 서로 다른 것을 지칭하는 경우도 있다.
我们已经二十年没见了，见了面后谁也不认识谁了。

제8절 부사

동사나 형용사를 수식하여, 동작 또는 성질이나 상태의 정도, 범위, 시간, 빈도, 부정, 어기, 정태 등을 나타낸다.

▲ 정도부사: 성질이나 상태를 부정하는 부사

很　常　十分　相当　比较　太　怪　更　挺
最　稍微　多　多么

▲ 범위부사: 수량의 다소나 범위의 대소를 나타내는 부사

都　全　一共　总共　统统　一起　一同　一齐
一块儿 一道　只　仅仅　就　光　单

▲ 시간부사: 시간을 나타내는 부사

刚　刚刚　已经　曾经　才　就　正　正在　在
将　立刻　马上　起初　原先　好久　向来
一直　从来　一向　随时　老是　总是　忽然

▲ 빈도부사: 빈도를 나타내는 부사

又　再　还　也　再三　屡次　常常　经常　往往

▲ 부정부사: 동작이나 행위, 성질이나 상태를 부정하는 부사

不　没(有)　别　不用

▲ 어기부사: 화자의 감정이나 태도를 나타내는 부사

可　却　倒　居然　到底　偏偏　简直　反正　也许
大约　一定　必然　好在　难道　几乎

▲ 정태부사: 동작 행위의 정태를 나타내는 부사로, 일반적으로 동사만 수식한다.

猛然　依然　仍然　逐渐　渐渐　亲自　互相　大肆　悄然

1. 어법상의 특징

1) 부사의 주기능은 부사어로 쓰여 동사나 형용사를 수식한다.

2) 부사는 일반적으로 질문에 단독으로 답할 수 없다. 단, '不·没有·大概·也许·可能·一定·有点儿' 등은 질문에 단독으로 답할 수 있다.44)

A：他已经毕业了吗？ B：*已经。
A：最近没看到小王，出差了吗？ B：也许。
A：你脸色不好，身体不舒服吗？ B：有点儿。

3) 절대다수의 부사는 명사나 수량사를 수식할 수 없다. 단, 일부 시간·범위·빈도·부정부사는 다음 경우에 명사나 수량사를 수식할 수 있다.

*都我们决定了。
*我们都三人看电影。

(1) 시간·범위·빈도부사는 술어로 쓰이는 명사를 수식할 수 있다.
人家都小伙子了，别总说人家。
他已经教授了，我才讲师，差得也太大了。
今年招收的学生一共三千五百人。

---

44) 부사 중 대략 약 13% 정도만 단독으로 사용될 수 있었다.
不　别　也许　或许　兴许　大概　一定　未必　本来　必须　的确　不必
差不多　趁早　迟早　真的　当然　赶紧　赶快　果然　果真　怪不得　何必
何苦　尽量　有点儿　马上　没　没有　难怪　难免　偶尔　顺便

又星期六了，时间过得可真快呀!

(2) 일부 범위부사는 주어로 쓰이는 명사를 수식할 수 있다.

光他一个人去，行吗?

就星期天没有课。

(3) 일부 부정부사도 명사를 수식할 수 있다.

他去了没几天就回来了。

4) 부사에 따라, 부정사가 뒤에만 올 수 있는 부사가 있고, 앞에만 올 수 있는 부사가 있으며, 부정사가 앞과 뒤에 모두 올 수 있는 부사가 있다.

(1) 다음의 시간 · 어기 · 정태부사는 부정사가 뒤에만 올 수 있다.

稍微　才　从来　一直　永远　忽然　又　决

本来　差点儿　几乎　简直　反正　根本[45]

仍然　渐渐

那个鬼地方，我才不去呢!

*这件事他没从来跟我说过。

(2) 다음의 부사는 부정사가 앞에만 올 수 있다.

马上　一起　一块儿　光　淨　曾

我们还要等一会儿，不马上走。

*我曾未见过王力，却好像早认识他了。

(3) 다음의 부사는 부정사가 앞에 올 수도 있고 뒤에 올 수도 있다. 부정사가 앞에 오느냐 뒤에 오느냐에 따라 의미가 다르다. 부정사가 앞에 오는 경우는 부분부정이고, 부정사가 뒤에 오는 경우는 전체부

---

45) '根本'은 주로 뒤에 부정형만 취한다.

<u>根本</u>不相信　<u>根本</u>不习惯

<u>根本</u>没同意　*<u>根本</u>同意

정이다.

都　　　全　　　太　　　很　　　一定

这些词他们全没学过。	这些词他们没全学过。
他学习时太不专心了。	他学习时不太专心。
那儿交通很不方便。	那儿交通不很方便。
这件事他一定不知道。	这件事他不一定知道。

5) '几乎'·'差点儿'은 화자 생각에, 동사가 나타내는 동작이 발생하기를 바라지 않는 일이면, 긍정이든 부정이든 모두 부정의 뜻을 나타낸다. 즉 그 일이 발생할 번 했으나 발생하지 않아 다행이라는 의미이다. 반면, 동사가 나타내는 동작이 발생하기를 바라는 일이면 반대의 뜻을 나타낸다. 즉 긍정이면 일이 결국 실현되지 않아 안타깝다는 의미이고, 부정이면 일이 결국 실현되어 다행이라는 의미이다.

他俩越吵越凶，几乎打起来。
他俩越吵越凶，几乎没打起来。

刚才我的杯子差一点儿摔坏。
刚才我的杯子差一点儿没摔坏。

这次考试我差一点儿就及格了。
这次考试我差一点儿就没及格。

6) '老'나 '差不多' 같은 부사는 일반적으로 긍정적인 어감의 단어, 양적으로 큰 쪽을 지향하는 단어만 수식하고, '有点儿'은 부정적인 어감의 단어, 양적으로 작은 쪽을 지향하는 단어만 수식한다.

老远	*老近
差不多高	*差不多矮
有点儿马虎	*有点儿仔细
有点儿糊涂	*有点儿清楚

有点儿生气	*有点儿愉快
有点儿不舒服	*有点儿舒服

7) 일부 부사는 늘 특정 어기조사와 함께 짝을 이루어 쓰인다.

已经+……+了/过	曾经+……+过/了
怪+……+的	快+……+了
太+……+了/啦 (감탄문)	可+……+了/啦

他到中国已经五年了。

这件事我们已经处理过。

*衣服已经干。

他曾经学过汉语。

为这事我曾经忙了好几天。

*我曾经在这里住三年。

怪累的。

*这孩子怪可爱。

快中午了。

*快中午，该吃饭了。

太难了。

*今天的电视太有意思。

可年轻啦。

*北京颐和园的风景可美!

8) '稍微/稍稍'는 긍정문에서는 늘 '一点儿/一些/一下'나 '有点儿'과 함께 쓰인다.

我想<u>稍微</u>休息一下。

给咖啡里<u>稍稍</u>放点儿糖。

我的心情<u>稍微</u>平静了些。

*这双鞋<u>稍稍</u>大了。

他对这儿稍稍有点儿不习惯。

*他学习稍微吃力。

2. 기능

1) 부사어 : 주로 동사나 형용사의 앞에 놓여 이를 수식한다.

刚到	正在吃饭
常常去	都参加了
一起讨论	再说一遍
写得很好	非常难过
多么美啊	究竟是谁
一定干到底	互相学习

(1) 정도 부사는 주로 형용사나 심리동사를 수식한다.

最伟大	特别愉快
更加美丽	极其生气
十分喜欢文学	相当愿意去

(2) 일반적으로 부사는 주어 앞에 놓일 수 없으나, '也许', '到底' 등 일부 부사는 주어 앞에 놓일 수도 있다.

*都同学们喜欢这种方法。

*吃了饭就我去。

他也许已经走了。

到底你们去不去?

2) 보어: '极'는 '了'와 결합하여, '很'은 '得'의 뒤에서 형용사나 심리동사의 보어로 쓰인다.

这次旅游累极了。

这个地方我们喜欢极了。

现在西瓜便宜得很。

3) 접속어: 일부 부사는 어구나 문을 접속한다.

他打完球就走。

小朋友们又唱又跳。

他说了一遍又一遍。

看了电影才回家。

风越刮越大。

他一听就明白。

3. 상용 부사의 용법

1) 不, 没(有)

(1) 동사를 수식할 때, '不'는 주관적으로 동작이나 행위를 할 의향이 없음을 나타내고, '没(有)'는 동작이나 상태의 발생이나 완성을 부정한다. 따라서 '不'는 일반적으로 현재나 미래의 동작이나 행위를 부정하고, '没(有)'는 주로 과거의 동작이나 행위를 부정한다.

现在不开会。

我不吃早饭了。

昨天没举行排球比赛。

刚才他们没来这儿。

上次、这次他都没参加,

听说下次还不想参加。

我没吃早饭呢。

그러나 '不'가 과거의 동작이나 행위를 부정할 수도 있고, 가정이나 추측을 나타내는 경우에는 '没(有)'가 현재나 미래의 동작이나 행위를 부정할 수도 있다.

他昨天不去是因为要加班。

如果他明天来时没带钱, 我可以借给他。

很可能我到他那儿时, 他还没回家呢。

要是你们来韩国时没见到我们，很可能我们是去欧洲了。

또 시제와 관계없이, 습관적인 동작을 나타내는 동사나 '是, 当, 认识, 知道, 像' 등의 비동작성동사와 조동사는 '不'로 부정하며, 소유나 존재를 나타내는 동사는 '没'로 부정한다.

我们常常不睡午觉。

我不知道这样做对不对。

她不认识这个人。

他伯父不是专家。

目前这里不存在浪费现象。

我们不应该这么处理。

现在我们没有时间。

(2) 형용사를 수식할 때, '不'은 성질이나 상태를 부정하며, '没有'는 성질이나 상태의 변화를 부정한다.

近来他身体不好，让他休息吧。

这种材料不结实，换别的吧

天还没亮，再睡一会儿吧。

我没着急，只是有点儿担心。

(3) '没有'는 문장 끝에 오는 경우를 제외하고는 '有'를 생략할 수 있다.

昨天我们没考试。

院子里没果树。

*你有中文报没？

(4) 전체부정과 부분부정

'不'가 부사 '都'·'全'·'很' 등과 함께 쓰이는 경우, '不'는 '都'·'全'·'很'의 앞이나 뒤에 모두 위치할 수 있으나, 앞에 놓이느냐 뒤에 놓이느냐에 따라 부정의 범위가 서로 다르다. '不'가 '都'·'全'·'很'의 앞에 쓰이면 부분부정이며, '不'가 '都'·'全'·'很'의 뒤에 쓰이면 전체부정이다.

我们不都坐车。

我们都不坐车。

这个办法不很好。

这个办法很不好。

2) 都

⑴ 전체를 총괄함을 나타낸다. 총괄되는 대상은 평서문에서는 '都' 앞에 위치하며, 의문문에서는 '都' 뒤에 위치한다. 따라서 평서문에서 총괄되는 대상이 의미상 동사의 목적어일 때는 이를 동사 앞으로 전치해야 한다.

我们班的同学那天都去了。

你们都去哪儿玩了?

你们班都有谁考上大学?

那几本书我都看完了。

我把那几本书都看完了。

⑵ '심지어', '~조차도'의 의미를 나타낸다.

我在北京待了那么多年, 都没听说过那个地方。

他都把你的名字忘了。

我是他最好的朋友, 我都不知道他要结婚了。

⑶ 동사나 명사 술어 앞에 쓰여 '已经'의 의미를 나타낸다.

都那么大的人了, 还不会洗衣服。

都十一月了, 天还一点儿都不冷。

饭都凉了, 我给你热一热吧。

⑷ 화자 생각에 시간이 늦거나 나이가 많음 또는 수치가 많음을 나타낸다.

都七点半了, 你怎么还不起来?

他哥哥都三十几岁了, 还没有女朋友。

你都十八了，还才初二。

都三十五万字了，太多了，最好在三十万字以内。

흔히 뒤에 '才'와 짝을 이루어 쓰인다.

都七点了，她才开始做饭，什么时候才能吃饭啊?

都三十八岁了，才结婚。

3) 才

⑴ '刚'의 의미로, 사건이 얼마 전에 발생했음을 나타낸다.

他才走，你还追得上他。

我才从香港回来，给你带了一个小礼物。

⑵ 두 동작이 바로 이어 발생함을 나타낸다. '就'와 짝을 이루어 쓰인다.

他才回到家，电话就打到家里来了。

你怎么才来就急着走? 多坐一会儿。

外面才下了雨，现在马上就出太阳了。

⑶ 화자 생각에, 시간이 이르거나 짧음, 수량이 적음을 나타낸다. 흔히 뒤에 '就'와 짝을 이루어 쓰이며, '都'와 상대적이다.

才五点，你怎么就起床了?

你看人家孩子，才十四岁就上了大学。

中国的水果特别便宜，一斤西瓜才卖五六毛钱。

这篇课文我才读了一遍，还要多读几遍。

今天才星期二，到周末还有几天。

⑷ 화자 생각에, 시간이 늦거나 김, 나이나 수량이 많음을 나타낸다. '就'와 상대적이다.

你怎么才来?

我跑了五趟才见到他。

下个星期五才交作业，这个星期三他就做好了。

我一天才写完那篇文章，他两个小时就写出来了。

八点才上课，你怎么七点就来了。

我排了半天队才买到，你怎么一会儿就买到了。

我那个丫头一直到五岁才会说话。

(5) 어떤 조건 때문에 결과가 발생함을 나타낸다.

学外语只有多练才能学好。

4) 就

(1) 사건이 짧은 시간 내에 곧 발생함을 나타낸다.

全国羽毛球赛明天就开始了。

你们在那儿等一会儿，我这就走。

(2) 두 사건이 바로 이어 발생함을 나타낸다.

看见那个流氓，孩子们转身就跑。

他一玩起电脑来就什么都不顾了。

教练一教我就会了。

(3) 확신의 어기, 또는 의지를 강조한다.

你不让吃，我就要吃。

他们学校就在这条路的尽头。

不吃，不吃，就不吃。

我就不要他看我上网。

(4) 범위가 좁음을 강조한다.

老赵就去过上海，没去过别的地方。

我就要红色的，不要别的颜色的。

(5) 수량사 앞에 쓰여, 수량의 다과를 강조한다. '就'나 '就' 뒤의 수량사에 강세를 주어 읽으면 수량이 적음을 강조하고, '就'는 가볍게 읽고 앞의 명사나 수량사에 강세를 주어 읽으면 수량이 많음을 강조한다.

他就买了两个苹果，没有多买。

那天来上课的人不多，我们班就来了五个同学。

水果他要么不吃，一吃就吃四五个。

我们才练半小时，他们一练就两个小时。

(6) 수량사 뒤에 쓰여, 화자 생각에 '시간이 이르거나 짧음', '나이나 수량이 적음'을 나타낸다.

这么多单词，他背了两遍就记住了。

5) '再'와 '又'

둘 다 동작이 중복되거나 계속 진행됨을 나타낸다.

(1) '再'는 주관적인 판단 하에 동작이 미래에 중복될 것을 표시하며, '又'는 객관적으로 동작이 이미 중복되었음을 표시한다.

再写一遍。

再坐一会儿。

又写了一遍。

又坐了一会儿 。

따라서 '再'는 명령문과 가정문이나 조건문에 사용될 수 있으나, '又'는 불가능하다.

这件事不着急，过两天再说吧。

你要是再这么不讲理，我就不客气了。

(2) '再'는 능원동사 뒤에 쓰지만, '又'는 능원동사 앞에 쓴다.

你能再帮帮他吗?

他又能说话了。

(3) '再也没(有)/不'는 동작이 다시는 중복되거나 계속되지 않음을 나타낸다.

那个鬼地方，我再也不去了。

从那以后，她再也没(有)见到丈夫的面。

6) '还'와 '再'

(1) 동작의 반복을 나타낸다.

他们还想跟工人们一起劳动劳动。

不要急于答复，考虑考虑再说。

(2) 동작이나 상태의 지속을 나타낸다. '还'는 '현재까지의 지속'을, '再'는 '앞으로의 지속'을 나타낸다.

你怎么还看哪，都十二点了。

你再不说，我就不理你了。

(3) '再'는 명령문에 쓰일 수 있으나, '还'는 명령문에 쓰일 수 없다.

咱们再玩一会吧!

*咱们还玩一会吧!

(4) 동작의 반복과 지속을 강조하기 위해, '再'와 '还'을 한 문장에 같이 사용할 수 있다.

北京真好，我还想再去一次。

7) '也'와 '又'

'也'는 서로 다른 사람이 같은 동작을 하는 것을 나타내고, '又'는 동일인이 이전과 같은 동작을 했음을 나타낸다.

小王病了，小李也病了。

小王不是前些日子病了一次吗? 怎么又病了?。

你也来了。

他又去了。[46]

46) "你也来了。"는 이전에 '你'와 동일한 동작을 행한 사람이 있었다는 것을 암시하고, "他又去了。"는 '他'가 이전에 동일한 동작을 행한 적이 있음을 암시한다.

8) '太'

(1) 주관적으로 판단하여 '정도가 지나쳐서 만족스럽지 못함'을 나타낸다. 따라서 객관적인 상황을 나타내는 표현에는 '太'를 쓸 수 없다.

车开得太快了，太危险了。

屋子太乱了，快收拾一下吧。

*他们说着、笑着，一直到太晚。

*在中国，我跟中国人谈话的机会太多。

나쁜 어감을 띠고 있어 긍정적인 어감을 지닌 형용사에는 '太'를 사용할 수 없다.

*他的学习态度太端正。

*我们这儿社会秩序太安定了。

(2) 감탄문에 쓰여 '정도가 높음'을 나타낸다. 문미에 '了'를 같이 사용해야 한다.

这本小说太吸引人了!

她长得太漂亮了!

9) '很'

객관적으로 '정도가 높음'을 나타낸다. '太'·'真'에 비해 객관성을 중시한다.

他们的生活很幸福。

孩子们玩得很开心。

10) '真'

(1) '정도가 높음'을 나타낸다. 주로 감탄문에서 술어나 보어로 쓰이는 형용사를 수식한다.

长城真雄伟啊!

校园修整得真漂亮啊!

(2) '真'이 수식어로 쓰인 형용사구는 관형어로 쓰일 수 없다.

*中国的女人是真幸福的女人啊!

*我跟别的留学生进行了真有意思的交流。

11) '更'

(1) 비교 결과 원래의 정도나 상황보다 더 높음을 나타낸다.

我爱这里的山水，更爱这里的人民。

他比以前更懂事了。

(2) 정도가 원래보다 높아졌음을 나타낸다. 정도에 변화가 생겼음으로 일반적으로 문장 끝에 변화를 나타내는 '了'를 사용한다.

他学习很努力、很刻苦。→ 他学习更努力、更刻苦了

我很喜欢这个地方。→ 我更喜欢这个地方了

12) 多(么)

감탄문에서 '정도가 높음'을 나타내며, 문장 끝에는 일반적으로 조사 '啊'를 사용한다.

那个同志多(么)坚强啊!

这个地方的名胜古迹多(么)吸人啊!

제9절 전치사

명사나 대사 등의 앞에 쓰여 전치사구를 형성하여, 시간 · 장소 · 방향 · 대상 · 원인 · 근거 등을 나타내는 낱말을 전치사라고 한다.

1) 시간

전치사	분 류	용 례
从	동작의 기점	他们从清早一直干到晚上。
自	동작의 기점	图书馆每天自9点开到16点。
自从	동작의 기점	自从参加工作到现在已经十年了。
由	동작의 기점	由今天算起，再过十天就过年了。
打	동작의 기점	游泳池打哪天开的?
在	동작의 발생 시간	这个工厂是在1980年代办起来的。
当	동작의 발생 시간	当你遇到困难的时候，一定要鼓起勇气。
于	동작의 발생 시간	这位作家生于1818年。

2) 장소

전치사	분 류	용 례
在	동작 발생 장소	老王在北京住了三年了。
于	동작 발생 장소	鲁讯生于浙江绍兴。
从	동작의 기점 동작의 경유지	外婆从农村搬到城市里来了。 汽车从大桥上开过去了。
自	동작의 기점	我们都来自五湖四海。
打	동작의 기점 동작의 경유지	你打哪儿来? 他刚打我们前走过去。
由	동작의 기점 동작의 경유지	由天津到北京只要两个小时。 由这条路走，近多了。
沿着	동작의 경과 노선	咱们沿着湖边散步吧。

3) 방향

전치사	분 류	용 례
朝	동작의 방향	他朝天上开了两枪。
向	동작의 방향	向敌人阵地开炮。。
往	동작의 방향	往西走二百步就到家了。
到	동작의 종점	明天，他到上海去办点事。

4) 대상

전치사	분 류	용 례
对	관련 대상	老李对人很热情。
对于	관련 대상	这种药对于人体是有益无害的。
关于	관련 대상	关于节约能源问题，有各种不同的方案。
至于	새로운 화제	他有一台记录仪，至于它的性能，我不很清楚。
和	협동 대상	扩建厂房的事我和老王商量过。
跟	협동 대상	这件事老王跟我说过。
同	협동 대상	这次春游，我同你们一道去。
为	수혜의 대상	老李为国家作出了重大的贡献。
给	수혜의 대상 접수자	请给我开开门。 我曾给他回过一封信。
替	수혜의 대상	你见到他时，替我问他好。
于	동작의 관련대상	吸烟于身体无益而有害。
把	피동작 대상	把孩子们培养成有用的人。
将	피동작 대상	将问题交待清楚。
叫	동작자	录音机叫小王弄坏了。
被	동작자	你的自行车被谁骑走了。
比	비교의 대상	姐姐比妹妹胖一点儿。
朝	동작의 대상	他朝我挥手，我朝他点头。

전치사	분 류	용 례
向	동작의 대상	你经常向别人借钱
连	강조 대상	连盒子一起都拿走吧。
除了	제외 대상	他除了教书，还搞研究工作。

5) 원인 · 목적

전치사	분 류	용 례
由于	원인	由于计划的变动，某些设计需要修改。
为	원인 목적	大家都为他的精彩表演热烈鼓掌。 为帮助后进学生，老师经常早来晚走。
为了	목적	为了加强两国人民的友谊，我要努力工作。
为着	목적	为着新一代的健康成长，她们付出了全部精力。

6) 근거

전치사	분 류	용 례
按	규정	按高矮个儿排队。
按照	규정	按照上级的规定，只能这样做。
依	규정	依当地风俗，除夕晚上都要守岁。
依照	규정	依照原件复制一份。
照	규정	她这件衣服是照这个样子做的。
据	전제나 근거	据天气预报说，明天有大风。
根据	전제나 근거	根据群众要求，工会将组织春游。
以	도구 근거	以实际活动支援灾区。 这里以瓷器为最有名。
凭	근거	只凭主观愿望办事往往会犯错误。

1. 어법상의 특징

1) 전치사는 단독으로 사용될 수 없고, 항상 그 목적어와 함께 전치사구를 구성하여야만, 문장성분으로 쓰일 수 있다.

他比我更了解这里的情况。
小李从早上一直工作到现在。
关于工作安排问题，我们下次再研究。
在业务能力上，他们俩差不多。

(1) 전치사의 목적어는 일반적으로 명사나 명사구이어야 한다. 단, 목적을 나타내는 '为'나 '为了'는 동사구를 목적어로 취할 수 있다.

*关于研究这个问题，明天再说。
⇒ 关于这个问题的研究，明天再说。
*在打开销路，他动了不少脑筋。
⇒ 在打开销路方面，他动了不少脑筋。
为实现四个现代化努力奋斗！
为了能及时到达目的地，他改乘飞机。

(2) 전치사구는 일반적으로 단독으로 문장을 구성할 수 없다. 단, 대화 중에는 경우에 따라 단독으로 질문에 답할 수 있다.

A：下午在哪儿开会？ B：在大会议室。
A：我们下次研究什么问题？ B：关于工作安排问题。

2) 중첩할 수 없다.

3) 전치사 뒤에는 '了'·'着'·'过' 등의 동태조사를 붙일 수 없다.

*他在着房间里睡觉。
*我对过他说。

'朝着'·'随着'·'沿着'·'为了'·'除了' 등의 '着'·'了'는 동태조사가

아니라, 전치사 자체의 조어성분이다.

4) 일반적으로 정반의문문을 만들 수 없다.

5) 전치사는 대부분 고대중국어의 동사에서 발전된 것이다. 따라서 '在' · '给' · '比' 등은 전치사와 동사의 기능을 모두 가지고 있다.

동 사	전 치 사
他在家。 我给他 咱们比比。 这都为你。	他在家写文章。 我给他倒茶。 你比我小。 我们要为人民服务。

2. 기능

일반적으로 전치사는 그 목적어와 함께 전치사구를 구성하여 주로 부사어로 쓰인다. 일부 전치사구는 보어나 관형어로도 쓰인다.

他从北方来。

这是关于月亮的传说。

这列火车开往上海。

3. 상용 전치사의 용법

1) 从, 自, 由, 打

시간상, 공간상의 기점을 나타낸다.'自'는 주로 서면어에서, '打'는 구어에서 많이 사용한다.

从上一周我们就开始上课了。

由明年一月开始执行新方案。

自古以来，泰山一直为游人们所喜欢。

打明天起，不用你来照顾我了。

人们从四面八方涌进广场。

下午两点，由公司乘车出发。

本次列车自北京开往上海。

小明打屋子里跑了出来。

(1) '自'는 공간상의 기점을 나타내는 보어로도 쓰일 수 있다.

他的朋友来自世界各国。

她一声声的道谢完全发自内心深处。

(2) '从'·'由'는 발전·변화·범위의 기점을 이끌어 낸다.

由不懂到懂，需要经过一段艰苦的学习过程。

他从一个农家孩子成为一名优秀的大学生。

从学习、工作到生活问题，我们都应该解决好。

(3) '从'·'打'·'由'는 경과하는 장소를 이끌어 낸다.

阳光从树缝中射了进来。

请观众由东西两门出场。

打水路走，两天可以到。

(4) '由'는 동작자를 이끌어 낸다.

这项工作由他负责。

班长由你担任。

2) 对

(1) 동작의 대상을 이끌어 낸다.

他对我使了一个眼色。

把你的想法对大家说一说。

他对我挥了挥手。

눈짓이나 대화의 대상을 이끌어 내는 경우에는 '跟'이나 '给'로 바꾸어 쓸 수 있고, 신체의 동작이 지향하는 대상을 이끌어 내는 경우에는 '朝'나 '向'으로 바꾸어 쓸 수 있다.

(2) '对'는 태도, 판단, 느낌이 지향하는 대상(사람)을 이끌어 낸다. '跟', '给', '朝', '向' 등으로 바꾸어 쓸 수 없다.

这段时间的学习对我很有帮助。

我对你抱有很大希望。

他对我非常热情。

3) 跟

(1) 동작의 대상을 이끌어 낸다.

这本书是跟朋友借的。

这个意思很好，快跟大家说一说。

(2) 동작을 같이 하는 사람이나 동작과 관련된 사람을 이끌어 낸다.[47]

她不想跟我见面。

这份计划还需要跟老师商量商量。

4) 給

(1) 동작의 대상을 이끌어 낸다.

他给老师行个礼。

我给他道歉。

(2) 접수자, 수혜자를 이끌어 낸다.

家里给他寄来几件衣服。

我要给马丽小姐打电话。

小王给我们当翻译。

医生给他打了一针。

47) 이 경우 동사는 상대방이 반드시 필요한 동작을 나타낸다.

접수자를 나타내는 경우, '给'전치사구는 동사 뒤에 위치하여 보어로 쓰일 수도 있다.

信已经寄给他了。

这本词典留给你用吧。

(3) 피동문에서 동작자를 나타낼 수 있다. 목적어는 생략할 수도 있다.

衣服给雨水淋湿了。

小树给大风刮倒了。

自行车给骑走了。

5) 朝, 向, 往

(1) 동작의 방향을 나타낸다.

火车朝北京开去。

火车向北京开去。

火车往北京开去。

'向'·'往'은 동사 뒤에 사용할 수 있으나 '朝'는 그럴 수 없다.

河水欢快地流向远方。

*河水欢快地流朝远方。

(2) '朝'·'向'은 신체의 동작이 지향하는 대상을 가리킬 수 있다.

他朝我挥了挥手。

他向我挥了挥手。

(3) '向'전치사구는 '说明, 表示, 解释, 介绍, 负责' 등의 추상동사 앞에 사용할 수 있으나 '朝'는 불가능하다. '朝'는 주로 이동이나 몸짓 등 신체와 관련된 동사에만 사용된다.

我向大家表示感谢。

*我朝大家表示感谢。

(4) '朝'·'向'은 동작이 지향하는 대상을 나타낼 수도 있고, 동작의 방

향을 나타낼 수도 있기 때문에, 사람을 나타내는 명사뿐 아니라 처소를 나타내는 명사와도 결합할 수 있다. 그러나 '往'은 방향만을 나타내기 때문에 처소를 나타내는 명사와만 결합할 수 있다.

*他往我招招手。

*导游小姐往我们介绍了这里的情况。

他往窗外望去。

6) 对, 对于

'对'와 '对于'는 모두 대상을 이끌어 낸다. 대다수의 경우 서로 호환할 수 있지만, '对'가 이끌어 내는 대상이 범위가 더 넓어 '对于'가 사용된 문장에서 '对于'는 모두 '对'로 바꾸어 쓸 수 있다.

일반적으로 사물을 나타내는 명사 앞에는 일반적으로 '对于'를 사용하고, 사람을 나타내는 명사나 대사 앞에는 일반적으로 '对'를 사용한다.

⑴ '对'에는 또 '朝, 向', '待对'의 의미도 있다.

他对我笑了笑。

他对部下很和蔼。

*她对于孩子从不放松要求。

⑵ '对/对于……(来)说' '对/对于……说(来)'

어떤 문제를 기술하는 관점이나 입장을 나타낸다.

有没有孩子, 对我来说, 太重要了。

对于我们来说, 没有克服不了的困难。

7) '关于'와 '对于'

⑴ '关于'는 관련된 내용이나 범위를 나타내고, '对于'는 동작의 주체와 관계가 있는 대상을 나타낸다.

关于这个湖, 还有一段美丽的传说呢。

关于这个问题，我直接跟老师联系。

对于这个问题，我们一定要想办法解决。

对于文化遗产，我们必须进行研究分析。

*关于生物进化的问题，我了解得不多。

*关于他，我没有任何意见。⇒ 对于他，我没有任何意见。

두 가지 의미를 모두 가지는 문장에서는 둘 중 어느 것을 써도 상관없다.

对于(关于)你们的建议，领导会认真考虑的。

关于(对于)食堂卫生的问题，学校领导一定研究解决。

(2) 문장에서 '关于'전치사구는 주어 앞에만 출현할 수 있으나, '对于' 전치사구는 문두에 출현할 수도 있고 주어 뒤에 출현할 수도 있다.

关于今年的工作安排，我们下次讨论。

*我们关于今年的工作安排下次讨论。

对于这里的风俗，我还不很熟悉。

我对于这里的风俗还不很熟悉。

(3) '关于' 전치사구는 단독으로 글의 제목으로 쓰일 수 있으나, '对于' 전치사구는 관형어로 쓰여 명사를 수식하는 경우에만 가능하다.

关于汉语教育问题

对于汉语教育问题的看法

8) '至于'

화제를 바꿀 때 그 대상을 이끌어 낸다.

这只是我个人的想法，至于行不行，还得看大家的意见。

活动就这样定了，至于具体计划，你们再研究吧。

9) '在'

(1) '在'는 전치사구를 구성하여 동작의 처소, 범위 등을 나타낼 수 있다.

大家先在这儿休息一下。

她在同学中很有人缘。

사람을 나타내는 명사나 대사는 단독으로 전치사 '在'의 목적어가 되어 장소를 나타낼 수 없다. 뒤에 반드시 '这儿' 이나 '那儿'을 덧붙여야 한다.

*他在我看电视。

他在我这儿看电视。

*他在朋友跳舞。

他在朋友那儿跳舞。

(2) '在'는 '방위사와 결합하여, 시간 · 처소 · 범위 · 조건 · 방면 등을 나타낸다.

在他回国之前，我们还见过面。

他们俩在阅览室里整整看了一天的书。

*在众多朋友，我们俩最要好。

*这件事一定要在思想引起注意

(3) '在……上' : 주로 방면을 나타낸다.

他在搜集邮票上，下了不少工夫。

不要把这些小事放在心上。

(4) '在……中' : 주로 과정 · 범위 등을 나타낸다.

青年人要在艰苦中奋斗。

他在研究工作中取得了可喜的成绩。

(5) '在……下' : 주로 전제 조건을 나타낸다.

在大家的帮助下，他很快就适应了这里的生活。

这些作品是在老作家的指导下创作出来的。

제10절 접속사

둘 이상의 낱말이나 구 혹은 문장을 접속시켜, 병렬 · 인과 · 조건 · 가정 등의 어법관계를 나타내는 낱말을 가리킨다.

丁力和我

丁力或我

因为丁力学得好，所以大家都选他当班长。

(1) 병렬을 나타내는 접속사

和　跟　同　与　及　而

(2) 연접을 나타내는 접속사

接着　于是　然后

(3) 점층을 나타내는 접속사

甚至　而且

(4) 선택을 나타내는 접속사

还是　或者　要么

(5) 인과를 나타내는 접속사

因为　所以　因此　既然　那么

(6) 조건을 나타내는 접속사

只要　只有　不管

(7) 가정을 나타내는 접속사

如果　要是

(8) 전환을 나타내는 접속사

虽然　但是　可是　不过

(9) 양보를 나타내는 접속사

既使　就是

1. 어법상의 특징

1) '和'나 '或者'처럼 단독으로 쓰이기도 하고, '因为……, 所以……'나 '不但……, 而且……'처럼 짝을 이루어 쓰이기도 한다.

2) 실재적인 어휘의미는 없고, 접속되는 어법단위 간의 관계를 나타낸다.

3) 문장성분이 될 수 없다.

4) 단독으로 사용할 수 없고, 단독으로 질문에 대답할 수도 없다.

5) 접속사와 부사의 구별

주어 앞에 놓일 수 있는 지의 여부로 판단한다. 접속사는 주어 앞이나 뒤에 다 놓일 수 있으나, 부사는 주어 뒤에만 놓일 수 있다.

如果你去，我就去。

你如果去，我就去。

*如果你去，就我去。

접속사와 부사가 함께 절을 접속하는 경우, 일반적으로 접속사는 생략할 수 있어도 부사는 생략할 수 없다.

无论谁听到这个消息，都会很高兴。

= 谁听到这个消息，都会很高兴。

≠ 谁听到这个消息，会很高兴?

6) 접속사와 전치사의 구별

'跟、和、同、与' 등은 전치사와 접속사를 겸하고 있다. 이들이 전치사인지 접속사인지는 앞뒤 성분의 위치를 바꿀 수 있는지, 그 앞에 수식어를 쓸 수 있는지의 여부로 판단한다.

我跟他都会英语。

他跟我都会英语。

'跟' 앞뒤 성분의 위치를 바꾸어도 의미가 같고, 그 앞에는 '都'를 쓸 수 없으므로 '跟'은 접속사이다.

我和小李说了那件事了。 ≠ 小李和我说了那件事了。

他跑的速度和走差不多。 ≠ 他走的速度和跑差不多。

'和' 앞뒤 성분의 위치를 바꾸었을 때, 의미가 달라지면 '和'는 전치사이다.

2. 기능

낱말이나 구 혹은 문장을 접속하여, 접속되는 두 어법단위 간의 관계를 나타낸다.

医生和护士工作都很认真。

打排球或者踢足球，他都喜欢。

要是你不能走路，就坐车。

他不但喜欢画画儿，而且喜欢养花。

3. 접속사가 나타내는 어법관계

1) 병렬관계

접속되는 두 어법단위 간의 지위가 동등하다. 따라서 두 어법단위의 위치를 서로 바꾸어도 의미가 변하지 않는다.

我跟你不需要参加这次考试。

机票同护照都放在皮包里了。

国家大力发展工业与农业。

'并'·'并且'와 '及'도 병렬관계를 나타내나, '并'·'并且'는 접속되는 성분 사이에 선후의 순서가 있어서 서로 위치를 바꾸어 쓸 수 없고, '及'은 접속되는 성분 사이에는 主와 次의 구별이 있어 바꾸어 쓸 수 없다.

新事物不断发生并发展。

我们讨论并(且)通过了这个改革方案。

这个小卖部不卖笔、墨、纸及其他文具。

2) 주종관계

접속되는 두 어법단위 간에 주와 종의 관계가 성립하며, 연접, 점층, 취사선택, 인과, 조건, 가정, 전환, 양보 등의 관계를 나타낸다.

我因为忙, 所以没去。

今天虽然有风, 但是不冷。

只要努力, 就能取得好的成绩。

既然来了, 就多坐坐。

4. 상용 접속사의 용법

1) '和'

(1) 일반적으로 명사나 명사구 혹은 대사를 접속한다.

中文报和英文报都没订。

그러나, 동사나 형용사라도 주어, 목적어, 관형어로 쓰이거나, 공통의 목적어, 보어, 부사어를 가지고 술어로 쓰일 때는 '和'로 이들을 접속할 수 있다.

他的勤劳和勇敢都足以使他的理想成为现实。(주어)

感到幸福和愉快。(목적어)

对划船, 游泳和爬山很有兴趣。(주어)

现在会说和能听懂的人越来越多。(관형어)

我现在复习生词和念课文。(술어)

(2) '和'로 접속되는 어법단위는 병렬관계에 있으므로, 품사나 구조가 같아야 한다.

*我现在复习生词和我念课文。

(3) 세 개 이상의 낱말이나 구를 접속할 경우에는 일반적으로 '和'를 맨 뒤의 낱말이나 구 앞에 쓴다.

桌子上有书、本子、钢笔和墨水。

2) '及': 주로 서면어에서 명사를 접속한다. '及'가 접속하는 성분은 의미상 主次의 구별이 있어서 주된 것을 '及'의 앞에 놓는다.

这个商店卖布、绸、缎及其他商品。

市长及陪同人员参观了工厂。

3) '并且' '并'

일반적으로 동사(구)나 절을 접속하여, 동작이 동시에 혹은 이어서 진행됨을 나타낸다.

我们完全同意并且拥护这个决定。

我们商量并且决定明天去拜访一位经济专家。

我们应该并且能够完成这个任务。

代表们热烈讨论并且一致通过这个草案。

4) '而'

형용사나 동사, 형용사구나 동사구 및 절을 접속한다. 명사나 명사구는 접속하지 못한다.

(1) 형용사를 접속하여 병렬을 나타낸다. '而且'로 쓰기도 한다.

他穿着休闲而活泼感觉的裤子。

她是一位朴素而美丽的姑娘。

这个运动员迅速而且准确地完成了每一个动作。

(2) 전환을 나타낸다.

这张画的色彩艳而不俗。

说了而不做，等于白说。

(3) 순접을 나타낸다.

庄稼由于缺水而枯死。

(4) 부사어와 동사구를 접속한다.

他接过雨衣，热泪滚滚而下。

代表们表示一定要为了祖国国防的现代化而努力!

5) '还是'

의문문에서 선택관계에 있는 어법단위를 접속한다. 단, 지각동사의 목적절에 쓰이는 경우에는 진술문에서도 사용된다.

你去还是他去?

我不知道上午还是下午。

6) '或者'

진술문에서 선택관계에 있는 어법단위를 접속한다.

你带一支钢笔或者圆球笔。

这个门向里推或者向外拉都可以。

星期日或者下班以后，人们都喜欢到这儿来玩儿。

明天或者你来，或者我去，怎么都行。

7) 与其

취사선택복문에서 앞 절의 버리는 부분을 접속한다. 흔히 '宁可', '宁愿', '宁肯', '不如'와 짝을 이루어 같이 쓰인다.

与其多而质量不好，宁可少而质量好些。

与其给敌人干事，不如让敌人杀死。

天气这么好，与其呆在家里休息，倒不如出去走走。

8) 宁可

취사선택복문에서 뒷 절의 취하는 부분을 접속하거나, 양보복문에서 앞 절의 양보하는 부분을 접속한다. 선택복문에서는 '与其'와 짝을 이루어 같이 쓰이고, 양보복문에서는 '也'와 짝을 이루어 같이 쓰인다. '宁可' 대신 '宁愿'이나 '宁肯'을 사용할 수 있다.

他宁愿受伤挨饿，也不和敌人微笑干杯。

宁可早到半个小时，也别迟到半分钟。

宁肯我多干点儿，也不能累着你。

宁可少睡点儿觉，也要把这篇文章写完。

9) 不但

점층복문의 앞절에 쓰여, 앞 절의 상황보다는 뒷 절의 상황에 더 비중이 있음을 나타낸다. 일반적으로 '而且'나 부사 '还', '也' 등과 짝을 이루어 같이 쓰인다.

这座桥不但形式优美，而且结构坚固。

理发是技術，不但是技術，也是艺術。

半年以后，他不但还清了欠人家的债，还在银行存了一笔钱。

10) 况且, 何况, 再说

점층 복문에서 뒷 절에 쓰인다. '何况'은 반어문을 구성한다.

小船是逆水而上, 况且又顶风, 行走得很慢。
你刚来, 哪儿都不认识, 再说语言又不通。
连奶奶每天都读读书, 何况咱们这些中学生呢?

11) 因为, 由于

인과복문에서 앞 절에 쓰인다. 뒷 절에 '所以', '就', '只好' 등이 같이 쓰인다. 또는 뒷 절에 단독으로 쓰이기도 한다.

我因为一直很忙, 所以没有时间来看望你。
他因为一心想当官发财, 就整天念书。
由于他聪明能干, 很快就被提昇为经理了。
这次他没有考上大学, 就是因为平日学习不努力。

'由于'는 '因而', '因此' 등과 같이 쓰일 수 있으나, '因为'는 이들과 같이 쓰일 수 없다.

由于会前做了充分的准备, 因此会议开得很成功。

12) 既然

인과복문의 앞 절에 사용하여, 추리의 전제가 되는 기정사실을 나타낸다. 뒷 절에는 '就'를 사용하여 앞 절의 사실을 전제로 추리한 결과를 나타낸다.

既然你病了, 就在家里休息吧。
你既然不愿参与此事, 还问什么?
你既然一定要去, 我也不便阻拦。

11) 虽然, 尽管

전환관계 복문에서 앞절에 쓰인다. 뒷 절에는 '但是', '可是', '然而' 등의 접속사를 쓴다. 일반적으로 '尽管'이 '虽然'보다 전환의 어기가 강하다.

他虽然没有经验, 但是工作做得很好。
创作计划虽然按期完成了, 然而并不很理想。
虽然时间比较紧一些, 他们还是按时完成了。
尽管当时条件不好, 但是我们却工作得很愉快。
尽管我们在同一单位工作, 然而却很少见面说话。

12) 即使, 就是

양보관계 복문의 앞 절에 쓰인다. 뒷 절에 '也, 还, 总, 又, 仍然' 등의 부사를 같이 사용한다.

即使天塌下来, 他也不怕, 他坚信自己是对的。
就是我不在, 也还是有人接待的。

13) 只有

조건복문의 앞절에 쓰여 유일한 조건을 나타낸다. 주절에 '才'를 사용한다.

只有奋斗, 才能成功。
只有承认落后, 才能改变落后的面貌。
这类数学问题, 只有用电子计算机才能解出结果。

14) 除非

조건복문의 앞절에 쓰여 유일한 조건을 나타낸다. 주절에 흔히 '才, 否则, 不然' 등을 같이 사용한다.

除非是公休日，他才回家来看看。

除非下雨或刮风，否则他上班从来不坐车。

除非你同意我的意见，不然我就辞职。

15) 只要

조건복문의 앞절에 쓰여 충분조건을 나타낸다. 주절에 '就'를 사용한다.

只要下功夫，你就一定能学会。

只要承认落后，就能改变落后的面貌。

16) 无论，不论，不管

조건복문의 앞절에 쓰여 어떤 조건에서도 결과는 항상 같음을 나타낸다. 이들 뒤에는 의문대사나 병렬구조가 따르며, 주절에는 반드시 '都'나 '也' 등을 사용해야 한다.

不管你信不信，事实总是事实。

不论你有什么困难，都不要失去信心。

明天你无论来还是不来，都要告诉我一下儿。

17) 以便，以免，免得，省得

목적복문의 뒷절에 쓰여 목적을 나타낸다. '以便'은 어떤 상황이 발생하기를 바라는 경우에 사용하며, '以免，免得，省得' 등은 어떤 상황이 발생하지 않기를 바라는 경우에 사용한다.

请您留下宝贵意见，以便我们提高服务质量。

把水龙头开小一点儿以免浪费。

他已经醉了，赶快扶住他，免得他跌跤。

你说话要小心点，省得又惹是非。

穿厚一点儿，省得感冒。

제11절 조사

낱말이나 구 혹은 문장의 뒤에 첨가되어 어법구조 관계, 동태, 어기 등을 나타내는 낱말을 가리킨다.

1. 어법상의 특징

1) 실재적인 의미가 없다.

2) 경성으로 읽는다.

3) 단독으로 사용할 수 없다. 일반적으로 단독으로 문장 성분이 될 수 없으며, 다른 낱말이나 구 뒤에 첨가되어 함께 문장성분이 되거나 동태나 어기를 나타낸다.

妈妈的眼镜。
十分兴奋地谈论。
保卫着祖国。
他爸爸当过兵。
他来吗?
快走啊!

2. 종류와 용법

조사에는 구조조사, 동태조사, 어기조사의 세 가지가 있다.

1) 구조조사 : 낱말이나 구의 뒤에 붙어 어법관계를 나타내는 조사를 가리킨다. '的' · '地' · '得' 등이 있다. 음은 모두 'de'로 같지만, 서면어에서는 구별하여 사용해야 한다.

(1) '的' : 관형어와 피수식어 사이에 쓰여 소유나 수식관계를 나타낸다.

妹妹的眼镜很漂亮。

新的眼镜在这儿。

配的眼镜取回来了。

他配的眼镜很贵。

(2) '地' : 다른 말 뒤에 쓰여 그 말을 부사어로 만든다.

大家都热烈地欢迎外国朋友。

我们刻苦地钻研。

汉字要一笔一笔地写。

妈妈很关心地问 : "你最近身体怎么样?"

(3) '得' : 술어와 정도보어, 술어와 가능보어를 연결한다.

来得早　　跑得快　　快得很

做得完　　吃得下

(4) 所 : 동사 앞에 놓여 함께 관형어로 쓰이거나 명사구를 만든다.

我所认识的人　　人所共知的事实

无所谓　　有所变化

(5) 似的 : 다른 어구의 뒤에 쓰여 비유를 나타내거나 상황이 비슷함을 나타낸다.

像雪似的那么白。

2) 동태조사 : 동사 뒤에 쓰여 여러 가지 동태를 나타내는 조사 '了' · '着' · '过'를 가리킨다.

(1) '着' : 지속태를 나타낸다. 어떤 상태가 지속되고 있음을 나타낸다.

她正弹着钢琴。

门开着, 灯亮着。

(2) '了' : 완료태를 나타낸다. 동작이 이미 발생했음을 나타낸다.

我买了一本《汉英词典》。

我下了班，就来你这儿。

(3) '过' : 경험태를 나타낸다. 어떤 동작이 과거에 발생했었음을 나타낸다.

她学过法语。

我们当过工人。

3) 어기조사 : 문장 끝에 붙어 여러 어기를 나타내는 조사를 가리킨다.

진술어기: 了，呢，嘛，來着，着呢，罷了

의문어기: 嗎，呢，吧

명령어기: 吧，啊

감탄어기: 啊

(1) '吗'

전용적인 의문어기조사이다. 어떤 상황의 是非에 대해 자신이 없어 청자에게 물을 때 사용한다.

窗户关着吗?

那是一个著名的城市吗?

진술문의 문장 끝에만 쓰이며, 다른 의문문 뒤에는 쓰일 수 없다.

*谁是裁判吗?

*指挥来不来吗?

*你作翻译还是他作翻译吗?

(2) '呢'

① 지속을 나타내어 어떤 행위나 상태의 존재를 긍정한다.

他们正开会呢。

刚才吓死我了，我的心现在还澎澎澎地跳呢。

你的事情还没有研究呢。

他还在生气呢，你别去惹他。

② 과장이나 강조의 어기를 나타낸다.

有我们呢，你不要害怕！

十万块钱呢，这可不是小数。

③ 정반의문문, 의문대사의문문, 선택의문문의 끝에 쓰여 의문 어기를 나타낸다.

我们能不能这样回答呢?

道理在哪儿呢?

这个字怎么念呢?

这种点心是甜的，还是咸的呢?

④ 단어나 구 뒤에 쓰여 의문문을 만든다. '在哪儿'이나 '怎么样'의 뜻을 나타낸다.

现在我去办公室，你呢?

= 现在我去办公室，你去哪儿?

马上就要出发，他呢?

= 马上就要出发，他怎么还没来?

A:我不想去逛街。 B:那去游泳呢？

A:明天一定要出去玩。 B:明天下雨呢？

⑤ 상대적인 예를 들어 설명함을 나타낸다.

我要去看电影，小王呢，却偏要去跳舞。

她说她不会做，实际上呢，是她根本就不想做。

⑥ 가정을 나타낸다.

喜欢呢，你就买，不喜欢呢，就别买。

(3) '吧'

① 청유, 상의, 제의 등의 어기를 나타낸다.

咱们一起走吧!

您再思考思考吧!

帮帮忙吧!

咱们坐出租车去吧。

大家就这样干吧!

② 동의하는 어기를 나타낸다.

好吧，我答应你的要求。

③ 추측의문문을 만든다. 어떤 상황에 대해 어느 정도 자신감은 있으나 완전히 확신할 수 없을 때 사용한다.

那个钟停了吧?

这是你的吧?

④ 예를 들기 위해, 혹은 가정을 나타내기 위해 휴지해야 할 때 사용한다. 가정을 나타내는 경우는 일반적으로 긍정과 부정의 두 구조로 나타내는데, 긍정이든 부정이든 모두 난처한 처지에 처하게 될 때 사용한다.

就拿这个屋子来说吧，条件是不错，就是太小了。

去吧，路太远；不去吧，人家又来请了几次，实在不好意思。

不吃吧，人家请的我；吃吧，实在不喜欢。

(4) '啊'

① 감탄을 나타낸다.

多糟糕啊! 汽车坏了。

日子过得真快啊!

多么乖的孩子啊！

这儿的水真清阿！

② 긍정, 재촉, 권고의 어기를 나타낸다.

是啊，已经决定了。

你一定要小心啊!

你不要忘了带护照啊！

你可别再抽烟、喝酒啊！

③ 정반의문문, 선택의문문, 의문대사의문문의 끝에 쓰여 의문어기를 부드럽게 한다.

你表演不表演这个节目啊?

你唱歌还是跳舞啊?

你参加哪儿的联欢啊?

④ 부를 때 사용한다.

小李啊，咱们一起去阅览室吧!

⑤ 구체적인 사물이나 사실을 열거한다.

这个房间里，电视啊，电冰箱啊，各类电器还挺全的。

⑥ 앞 음절운모의 영향을 받아서 여러 가지 음운 변화가 일어난다.

앞 음절	변화된 음	
-a，-e，-i，-ü	呀(ya)	这么大呀!
-u，-ao	哇(wa)	好哇!
-n	哪(na)	来了这么多人哪!
了+啊	啦(la)	长得这么高啦!
呢+啊	哪(na)	时间还早着哪!

(5) '了'

① 새로운 상황의 출현을 나타낸다.

春天了。

天黑了。

花开了。

② 인식, 의견, 행동 등에 변화가 생겼음을 나타낸다.

我现在还有事，不能去俱乐部了。

他可以不参加这次贸易谈判了。

③ 재촉, 권고, 주의 환기 등을 나타낸다.

走了，走了，不能再等了。

别喊了，大家正在休息。

上课了，快进教室吧。

吃饭了，别写了。

(6) 嘛

① 진술문 뒤에 쓰여 당연하다는 어기를 나타낸다.

有意见就提嘛，有什么不好说的。

没钱就不要买嘛。

这是应该他负责嘛。

② 명령문에 쓰여 바람이나 만류를 나타낸다.

你走快点儿嘛。

你开慢点儿嘛，这儿路滑。

③ 문장 중간에 쓰여 휴지를 나타내어 청자의 주의를 끈다. 주어를 강조하거나 가정을 나타낸다.

这个问题嘛，我也不懂。(주어 강조)

学汉语嘛，就是得经常说，经常看书、看电视。(가정)

不喜欢嘛，可以换别的。(가정)

没有去过嘛，可以去一趟，那地方挺好的。(가정)

(7) 来着

문미에 쓰여 상황이 얼마 전에 발생했음을 나타낸다.

我们昨天还在一起吃饭来着。

小王刚才还在这儿来着。

(8) 着呢

형용사 술어 뒤에 쓰여 성질이나 상태에 대해 과장된 어기로 강조한다.

这辆车贵着呢！

去那儿远着呢！

这孩子聪明着呢，已经能认一千多汉字了。

那条路难走着呢，二十多公里，我们开车走了一个半小时。

(9) 罢了

① 경시하는 어기를 나타낸다.

我只是随便说说罢了，没有别的意思。

几十块钱罢了，你不要放在心上。

② 과장된 어기를 나타내는 '呢'와 상반된 어기를 나타낸다.

十公里罢了，不远。

十公里呢，走路怎么去?

제12절 감탄사

감정을 나타내거나 주의를 끌기 위해서 사용하거나, '응'과 같이 대답하는 경우에 사용하는 낱말을 가리킨다.

啊(à)　　喂(wèi)　　嗯(ńg, ń, ňg, ň)

噢(ō)　　哦(ò)　　哎呀(āiyā)

1. 어법상의 특징

1) 실재적인 의미는 없고, 감정을 나타내거나 주의를 환기시키는 역할만 한다. 그러나, 각기 일정한 감정을 전달하기 때문에 임의로 사용해서는 안 된다.

2) 독립성이 매우 강하여 다른 문장성분과는 구조상 관계를 맺지 않는다. 감탄사 비주술문을 구성한다.

3) 일반적으로 문두에 출현하여 독립적으로 사용되며, 뒤에 느낌표나 쉼표가 온다. 경우에 따라 문장 중간 또는 문장 끝에 출현하기도 한다.

咦! 你又来做什么?

这些小家伙，哎呀，真有意思。

你怎么又犯错误了? 唉!

2. 기능

1) 비주술문을 구성하여 부름, 대답, 놀람, 찬탄 등을 나타낸다.

喂! 你是张明吗?	(부름)
嗯! 我知道了!	(대답)
哎呀, 我的帽子呢?	(놀람)
啊! 伟大的祖国!	(찬탄)

2) 모든 감탄사는 일정한 감정을 나타내거나 일정한 소리를 모방한 것이므로, 임의로 사용해서는 안 된다.

3) 같은 한자의 감탄사라도 성조에 따라 나타내는 감정이 다르다.

(1) 欸

① ē : '부름, 주의 환기' 등의 감정을 나타낸다.

欸, 你到底去不去?

② é : '놀람, 의혹' 등의 감정을 나타낸다.

欸, 你怎么了?

③ ě : 동의하지 않는 감정을 나타낸다.

欸, 怎么能这样做呢?

④ è : '동의, 응낙' 등의 감정을 나타낸다.

欸, 我听见了。

欸, 我这就下楼!

(2) 啊

① ā : 놀람이나 찬탄의 감정을 나타낸다.

啊, 下雪了!	(놀람)
啊, 这儿的风景真美!	(찬탄)

② á : 반문, 추궁하는 감정을 나타낸다.

啊，你怎么还不走?　(반문)

啊，你不是说我吧？　(반문)

啊，你说什么啊?　(추궁)

③ ǎ 의혹, 의아함을 나타낸다.

啊,怎么搞成这样！

③ à : 승낙, 찬탄의 감정을 나타낸다.

啊，我就来。　(승낙, 동의)

啊，风景太美了！　(찬탄)

3. 상용감탄사의 용법

1) '喂' : 부름을 나타낸다.

wéi: 전화상에서

喂，你找谁呀？

wèi: 편하게 부르는 소리

喂! 你去哪儿啊?

喂，该起床了。

喂，快来吧。

2) '嗯' · '唉' : 대답을 나타낸다.

嗯，我懂了。

嗯，您放心。

唉，我来了。

唉，我马上就回来。

3) '哎呀' : 유감, 놀람, 불만을 나타낸다.

哎呀！那儿有一条蛇！ (놀람)
哎呀！太晚了。 (유감)
哎呀！我的录音机坏了！(불만)

4) '啊(ā, à)' : 찬탄을 나타낸다.

啊！这里的风景太好了！
啊！今年的庄稼长得真好！

5) '哦(ò)' : 깨달음을 나타낸다.

哦，原来是这样。
哦，我想起来了。
哦，我清楚了。

6) '噢(ō)''喔(ō)' : 이해했음을 나타낸다.

噢！你来了！
喔！是叫我啊！
噢！原来是他！

제13절 의성사

물체나 동작의 소리를 본뜬 낱말을 가리킨다.

哗哗 huāhuā: 물 흐르는 소리
哈哈 hāhā : 웃음 소리
叮当 dīngdāng: 금속, 자기 등이 부딪히는 소리
轰隆 hōnglōng: 천둥, 대포 따위의 소리
呼呼 hūhū: 바람 소리

乒乓 pīngpāng: 총 소리, 탁구치는 소리
扑通 pūtōng: 무거운 물체가 물에 떨어지는 소리

1. 어법상의 특징

1) 실재적인 의미는 없고, 소리만을 나타낸다.

2) 술어가 될 수 있고, 뒤에 '了, 着, 过, 起来' 등을 부가할 수 있다.

风呼呼了一阵。
雨又哗哗起来。

3) 관형어나 부사어가 되어 명사나 동사를 수식할 수 있다.

4) 수량사와 연이어 쓸 수 있다.

5) 다른 어구의 수식을 받을 수 없다.

2. 기능과 용법

1) 독립성분으로 쓰인다.

哗哗，水从山上流下来。
哈哈，我猜对了。
轰隆轰隆，打雷了。
砰，砰，砰，枪声又响了

2) 술어로 쓰인다.

他只嗯了一声，什么话也没说。

3) 부사어로 쓰인다. 일반적으로 뒤에 '地'를 사용하나 생략할 수 있다.

水哗哗地流着。
老人哈哈地笑了。
铃叮当叮当地响着。
北风呼呼地刮着。

단, 수량사와 함께 쓰이는 경우에는 '地'를 사용하지 않는다.

什么东西扑通一声掉到水里去了?

4) 관형어로 쓰인다. 뒤에 '的'을 사용해야 한다.

外边轰隆轰隆的响音，可怕极了。
呼呼的北风吹得人真冷。
在外边就听见乒乓的声音了。

5) 정도보어로 쓰일 수 있다.

风刮得呼呼的。
爆竹声响得劈里啪啦的。
掌声劈里啪啦响起来。

제3장 구

단어와 단어가 일정한 어법규칙에 의거하여 결합한 어법단위이다.

1. 구의 결합구조

1) 병렬구조 : 일반적으로 두 개 이상의 동일한 품사의 단어가 결합한 구조로, 직접 결합하기도 하고 접속사를 이용하여 결합되기도 한다.

老师学生　　参观访问

일반적으로 결합하는 단어의 순서를 바꾸어도 의미가 바뀌지는 않으나, 일부는 의미나 습관에 의해 어순이 고정된 경우도 있다.

桌子椅子　　讨论并修改

2) 수식구조 : 수식과 피수식의 관계로 이루어진 구조로, 관형어가 수식어인 구조와 부사어가 수식어인 구조, 두 유형이 있다.

沙漠地带　　劳动人民

详细解释　　很结实

수식어인 관형어와 부사어는 항상 피수식어 앞에 놓여야 한다. 어순이 바뀌면 의미가 변하거나 뜻이 통하지 않게 된다.

他哥哥 → 哥哥他　　劳动人民 → 人民劳动

马上去 → *去马上　　很高兴 → *高兴很

3) 동목구조 : 동사와 목적어의 관계로 이루어진 구조이다.

吃饭　　　　写汉字

어순이 고정되어 항상 동사가 앞에 오고, 목적어가 뒤에 온다. 목적어는 동사가 나타내는 동작 · 행위의 영향이나 지배를 받는 대상을 나타낸다.

어순이 바뀌면 의미가 달라지거나 말이 통하지 않게 된다.

吃鸡 → 鸡吃　　　　吃饭 → *饭吃

4) 동보구조 · 형보구조 : 동사와 보어, 형용사와 보어의 관계로 이루어진 구조이다. 어순이 고정되어 보어는 반드시 동사나 형용사 뒤에 놓인다.

整理好　　　　听懂

念三遍　　　　休息一会儿

보어 앞에 '得'나 '不'를 사용하는 경우도 있다.

睡得早　　　　起得晚

修不好　　　　看不见

5) 주술구조 : 주제와 진술의 관계로 이루어진 구조이다.

头发长　　　　他描写

어순이 고정되어 있다. 주제를 나타내는 단어가 앞에 놓이고, 진술하는 단어가 뒤에 놓인다. 어순이 바뀌면, 의미가 달라지거나 통하지 않게 된다.

2. 구의 분류

구의 기능은 그 구의 중심이 되는 단어의 기능과 일치한다. 예를 들어 '红花'는 '花'와 기능이 같으며, '高喊'은 '喊'과 기능이 같다. 따라서 피수식어의 품사에 따라서 구를 분류할 수 있다.

1) 명사구

방위사구, 수량구, '的'자구도 포함하며, 문장 내에서 주로 주어나 목적어로 쓰인다. 관형어나 부사어 보어로도 쓰일 수 있으며, 특정한 조건 아래 술어로 쓰일 수도 있다.

⑴ 주어

被子、褥子都在这儿。

五千块以内也是个不小的数目。

这件灰色的怎么样?

我每天坐这辆车, 开车的和卖票的都认识我。

⑵ 목적어

副总理下午接待外国大使和专家。

晚会的时间是八点以后。

我用坏的, 你用好的。

⑶ 술어

他二十岁上下。

⑷ 관형어

你和他的球票在我这儿。

⑸ 부사어

你饭后再来吧。

楼旁边种着很多花。

(6) 보어

他写了一上午。

2) 동사구

주로 술어로 쓰인다. 관형어, 부사어, 보어로도 쓰일 수 있으며, 특정한 조건 아래서는 주어나 목적어로도 쓰일 수 있다.

(1) 술어

他也要恋爱结婚。

(2) 주어

检查质量很重要。

睡得太晚会影响健康。

滑冰和游泳都是很有意义的体育运动。

(3) 목적어

感谢你们的欢迎和接待。

他喜欢学习汉语。

今天我看抄不完。

我认为画得不错。

(4) 관형어

吃和喝的东西都有。

学过汉语的人都认识这个字。

来得晚的人坐后边。

(5) 부사어

弟弟又蹦又跳地过来了。

大家充满信心地迎接新的战斗。

父亲戴着眼镜看报。

(6) 보어

他冷得发抖。

他感动得说不出话。

他高兴得跳起来了。

3) 형용사구

주로 술어나 관형어로 쓰인다. 부사어나 보어로도 쓰이며, 특정한 조건 아래서는 주어나 목적어로도 쓰일 수 있다.

(1) 술어

这个屋子高而且大。

(2) 관형어

他有一对大而亮的眼睛。

(3) 부사어

迅速而细心地检查机器。

那个病人吃力地痛苦地躺在病床上。

(4) 보어

她织毛衣织得快而且好。

他唱得好极了。

我比他起得晚一点。

(5) 주어

多一点儿没有关系。

勤劳勇敢是我国人民的优良品质。

(6) 목적어

他觉得累极了。

那个城市的特点是清洁、美丽。

4) 절(주술구조)

(1) 주어

他这样做不对。

理论联系实际很重要。

(2) 술어

他手指破了。

牛奶我喝了一杯。

(3) 목적어

我相信我们还会见面。

(4) 관형어

他看的小说是中文的。

(5) 부사어

同学们意见一致地鼓了鼓掌。

(6) 보어

他笑得嘴都合不上了。

太阳晒得地都热了。

5) 전치사구

주로 부사어로 쓰인다. 일부 전치사구는 관형어나 보어로도 쓰일 수 있으며, 특정한 조건 아래 주어나 목적어로도 쓰일 수 있다.

(1) 부사어

我们应该向他们表示感谢。

服务员对游览的人很热情。

抽烟对于身体没有好处。

他从参加这项工作起搜集了不少资料。

(2) 관형어

他提了不少对教材工作的建议。

关于他的消息，我已经听说了。

(3) 보어

这列火车开往北京。

我们充满希望地走向胜利。

他来自美国南部的一个城市。

我一定要把你送到飞机场。

他想把“友谊”两个字绣在红布上。

他决心献身于教育事业。

这两本书我卖给你，只收一块钱。

(4) 주어

从8：00到12：00是工作时间。

(5) 목적어

我初次见到您是在一次电影招待会上。

我这次来不仅仅是为了工作，也是为了你。

제4장 문장성분

문장은 낱말이나 구가 일정한 어법관계(연합, 수식, 술목, 술보, 주술)에 따라 결합하여 구성하는데, 그 문장을 구성하는 각각의 낱말이나 구를 담당하는 역할과 기능에 따라 분류한 것을 문장성분이라 한다. 중국어의 문장성분에는 일반적으로 주어, 술어, 목적어, 관형어, 부사어, 보어 등의 6가지가 있다.

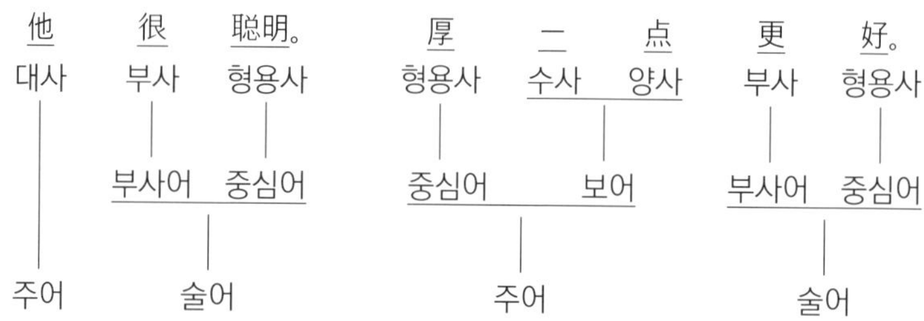

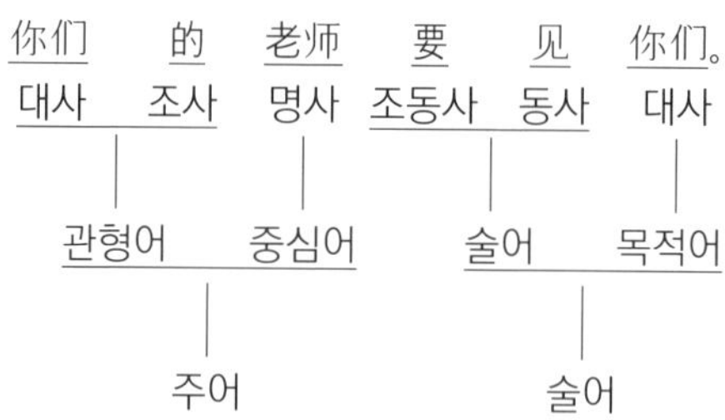

제1절 주어

문장에서 주체가 되는 말로, 진술의 대상이 되어 진술하는 것이 '누구', 또는 '무엇'인가를 나타낸다. 문장은 대부분 주어와 술어의 두 부분으로 이루어진다.

这个同志是作家。
她的裙子很漂亮。

위에서 '누구', '무엇'에 해당하는 '这个同志'와 '她的裙子'를 주어라고 한다.

1. 어법상의 특징

1) 주어는 일반적으로 문장에서의 위치와 전달하는 의미로 결정된다. 일반적으로 문두, 술어 앞에 놓여서 진술하는 대상을 나타낸다.

外祖父是工程师。
苍蝇打死了。

2) 주어는 일반적으로 한정칭이어야 하며, 부정칭은 주어의 위치에 올 수 없다.

*三个面包已经吃了。
*两个人来了。

위 문장이 성립하려면, '三个面包'나 '两个人'이 동사 뒤로 이동하거나, 앞에 지시대사가 부가되어야 한다.

2. 주어 충당 어구

일반적으로 명사나 대사 혹은 명사구가 주어가 되나, 동사나 형용사 등 다른 품사도 주어가 될 수 있다.

1) 명사나 명사구

中国在亚洲东部。

一百等于五个二十。

这种衬衫很好，一件多少钱？

开门的是位女同志。

2) 대사

他很热情。

那儿是操场。

谁在院子里？

这样、那样都行。

3) 동사나 동사구

爬山对身体很有好处。

能去最好，不去也没关系。

早睡早起是个好习惯。

捆得太紧不好。

4) 형용사나 형용사구

艰苦可以锻炼人。

踏实、刻苦是应该受到鼓励的。

厚一点更好。

5) 주술구조

我们明天去比较合适。

你也去太好了。
他写比我写好。
女朋友太漂亮也不一定是好事。

제2절 술어[48]

주어에 대한 진술을 나타내는 것으로, 주어의 행위, 상태, 성질 등을 설명한다.

你们商量商量。
小王会唱歌。
树叶黄了。

1. 술어의 위치와 기능

주어의 뒤에 위치하여, 주어가 실행하는 동작, 주어가 받는 동작, 주어에 대한 설명, 판단, 묘사 등을 나타낸다.

他们搬走了屋子里的箱子。
箱子搬走了。
我们都是青年人。
这些作家很谦虚。

2. 술어 충당 어구

일반적으로 동사나 형용사가 술어의 주성분으로 쓰이나, 다른 품사도 술어가 될 수 있다.

48) 중국어에서는 일반적으로 '谓语(위어)'는 주어에 상대적인 개념, 술어는 목적어나 보어에 상대적인 개념으로 구분하나, 이 책에서는 구분하지 않고 통용한다.

1) 동사나 동사구

他上星期来过。

我朋友送了他一束花。

我们一次拿不了。

这只箱子太重，我搬不动。

2) 형용사나 형용사구

这种花香，那种花不香。

北京的夏天很凉快。

这个公园大得很。

他高兴得唱起来了。

3) 명사나 명사구

明天阴天。

他北京人。

昨天十一，今天十二。

这件毛衣三十块.

4) 대사

他的发音怎么样?

事情已经这样了。

你怎么了?

5) 관용어, 성어

他对朋友一视同仁。

我们应该助人为乐.

6) 주위구조

这个孩子头发很少。
病人伤口发炎了。
毛衣他穿了两件。
他的眼镜腿摔坏了一条。

제3절 목적어

동사의 뒤에서 동작의 대상, 동작의 결과, 동작이 도달한 장소, 동작에 사용된 도구 따위를 나타내는 낱말을 목적어라고 한다.

我看电视。
工人打井。
代表们去礼堂。
他们用剪子。

1. 목적어의 위치

목적어는 (술어)동사에 대한 개념으로, 일반적으로 문장에서의 위치에 따라 결정되며, 항상 동사 뒤에 위치한다. 따라서 아래의 a에서는 '一锅饭'이 목적어이고, b에서는 '十个人'이 목적어이다.

a. 十个人吃一锅饭。
b. 一锅饭吃十个人。

2. 목적어 충당 어구

일반적으로 명사나 대사가 목적어로 쓰이나, 다른 품사의 단어나 구도 목적어가 될 수 있다. 단, 여기에는 일정한 제약이 있다. 동사를 목적어로 취할 수 있는 동사는 형식동사이거나, 심리 · 始終 · 增減을 나타내는 동사들로 한정되며, 형용사나 절을 목적어로 취할 수 있는 동사는 심리 · 지각 · 판단을 나타내는 동사들로 한정된다.

1) 명사나 명사구

我想买点东西。
九加二等于十一。
那本小说我再看了兩页。
这些都是铁的。
这个消息已通知他们俩了。
我送妹妹一对枕头。

2) 대사

我去过那儿。
他给我一张歌剧票。

3) 동사나 동사구

他们俩常常进行辩论。
他特别喜欢旅游。
那里已经停止战斗。
这样做能减少损失。
他喜欢开玩笑。
他怕买多了。

4) 형용사나 형용사구

他不怕苦, 不怕累。
劳动的时候要注意安全。

他最讨厌不太舒服。
我觉得饿得很.

5) 주술구조

我发现这里也有这种事。
这是我第一次来中国。
我认为你比他热情。
我想他明天一定来.

동사의 중첩형은 부정칭의 어구를 목적어로 취할 수 없고, 양사의 중첩형이 포함된 어구는 목적어가 될 수 없다.

*我看看三本书。[49)]
*我喜欢这里的件件衣服。[50)]

3. 동사와 목적어의 관계

목적어는 일반적으로 동작의 대상, 동작의 주체자, 동작의 결과, 동작이 도달한 장소, 동작에 사용된 도구 따위를 나타낸다.

他们踢足球。
外边来了一个人。
台上坐着主席团。
他死了父亲。
他织了一件毛衣。
走大路太远，穿小路吧。
他喜欢弹钢琴。

49) 수량사를 삭제하거나, 지시대사를 부가하면 문장이 성립한다.
50) 양사의 중첩형을 '每+양사'구로 교체한다.

4. 이중목적어

일반적으로 타동사는 하나의 목적어를 취한다.

他喝啤酒。

他听写汉字。

그러나 일부 타동사[51]는 두 개의 목적어를 취할 수 있는데, 앞의 목적어를 간접목적어라고 하고 뒤의 목적어를 직접목적어라고 한다.

中国老师教我们汉语。

他还朋友一本地图。

我买了他一所房子。

我借了他一支笔。

5. 장소목적어

사람이나 사물이 존재하는 장소나 동작으로 인해 도달하게 되는 장소를 나타내는 명사나 대사도 동사의 뒤에서 목적어가 될 수 있다.

今天的报在椅子那儿。

我们去老师那儿。

6. 전치목적어

동작의 대상을 강조하거나 대비하기 위해서 문장 처음이나 동사 앞으로 전치시키는 경우, 이를 전치목적어라고 하는데, 통상 주어로 간주한다.

那个问题我们已经解决了。

这件衬衫我洗干净了。

我上海去过，南京也去过。

---

51) '수여'나 '취득'의 의미를 지닌 동사

제4절 관형어

일반적으로 명사를 수식하는 성분을 가리킨다. 그러나 동사나 형용사라도 주어나 목적어로 쓰이면, 이를 수식하는 성분도 관형어로 간주한다. 즉 주어나 목적어로 쓰이는 어구 중의 수식성분을 관형어라고 한다.

才十四岁的他就有这样的志向。
美丽的校园里充满了春天的气息。
这种红可不是正常的红。
他的死比泰山还重。

1. 관형어의 기능

1) 한정성 관형어: 피수식어의 수량 · 시간 · 처소 · 소유자 · 범위 등을 설명하며, 주로 수량사, 시간사, 처소사, 명사, 대사 등이 사용된다.

今年的产量比去年高多了。
五班的同学每人得到一份纪念品。
全村的老百姓都来送行了。
我们一定会满足旅客们的要求。

2) 묘사성 관형어: 피수식어의 성질이나 상태를 나타내며, 주로 명사나 형용사가 사용된다.

这只木箱子里装的全是书。
重要文件必须及时传达，不能耽搁。
绿油油的麦浪翻滚着。
突然，一位漂亮的姑娘出现在我面前.

2. 관형어와 '的'

일반적으로 관형어 뒤에는 '的'를 쓴다. 이러한 까닭에 '的'를 관형어의 형식 표지라고 말한다. 그러나 모든 관형어 뒤에 '的'를 쓰는 것은 아니며, '的'를 사용할 때에는 일정한 규칙에 따라야 한다. 단, 경우에 따라 예외가 있을 수 있다.

1) 수량 관형어

피수식어를 한정하는 경우에는 '的'를 쓰지 않고, 묘사하는 경우에는 '的'를 쓴다.

那是一幢新楼。
他一晚上看完了一本二百多页的小说。

'一本'은 책의 수량을 한정하기 때문에 뒤에 '的'를 쓰지 않았고, '二百多页的'는 책의 두께를 묘사하기 때문에 뒤에 '的'를 썼다.

十点了，他还没来，把一屋子(的)人都等急了。

'一屋子'에서 '一'는 수치 '하나'를 나타내는 것이 아니라, '满'의 의미를 나타내어, '一屋子'는 방에 가득찬 모양을 묘사한다. 이런 경우 '的'는 쓸 수도 있고 쓰지 않을 수도 있다.

2) 대사 관형어

지시대사 '这，那'，의문대사 '哪，什么'，'指+量'구조는 일반적으로 '的'를 쓰지 않는다.

这孩子多懂事啊!
那几只风筝是什么图案的?
你喜欢哪个样子?

그러나, 지시대사 '这儿，那儿，这样，那样'이나 의문대사 '谁，哪

儿, 怎样' 등은 '的'를 쓴다.

谁的钱包掉在这儿了?

我喜欢这儿的天气。

他是怎样(的)一个人?

他是一个怎样的人?

인칭대사가 소유자일 경우에는 '的'를 쓴다. 그러나, 소유자인 대사 뒤에 '的'를 써야하는 또 다른 관형어가 있을 때에는 그 대사 뒤에 '的'를 쓰지 않는다.

她的病快要好了。

我参加了他们的婚礼。

*这是我的八岁时的照片。

⇒ 这是我八岁时的照片.

인칭대사가 수식하는 어구가 인적관계, 집단, 기구를 나타내는 명사일 때는 '的'를 쓰지 않는다. 단, 관계를 강조할 경우는 '的'를 쓴다.

我爸爸希望我学文学。

我们厂今年效益很好。

王力是他的弟弟, 不是我的。

3) 명사 관형어

명사가 피수식어를 한정하는 관형어로 쓰이는 경우에는 '的'를 쓴다.

这是爷爷的袜子。

姐姐的歌声很美。

去年的画报都给别人了。

旁边的房间是空的。

三的五倍是十五。

这是一个塑料杯子。

피수식어를 묘사하는 관형어로 쓰이는 경우에는 '的'를 쓰지 않는다.

警察叔叔帮我找到了妈妈。
不要耍孩子脾气。

위에서 '学校'와 '姐姐'는 소유자를 나타내는 한정적인 용법으로 쓰였기에 '的'을 사용했고, '塑料', '警察'와 '孩子'는 각기 재료, 직업, 비유 등을 나타내는 묘사적인 용법으로 쓰였기에 '的'를 사용하지 않았다.

명사구가 관형어로 쓰이는 경우에는 한정성 관형어, 묘사성 관형어에 관계없이 뒤에 '的'를 사용해야 하며, 방위사를 수식하는 경우에는 일반적으로 '的'을 쓰지 않지만, 2음절 방위사인 경우에는 '的'를 쓸 수도 있다.

他是音乐老师的好朋友。
我要查查十二号前后的报纸。
屋后种了很多花。
他前边是小李。
公园的左边有一家银行。

4) 형용사 관형어

단음절형용사는 일반적으로 '的'를 쓰지 않는다. 단, 사물을 대비하여 구별해야 하는 경우에는 뒤에 뒤에 '的'를 써야 한다.

我要的是那本厚词典。
他喜欢圆桌子。
好的东西放这边，不好的扔到下面的筐里。

주로 서면어에서 쓰이는 2음절형용사, 수식식 형용사, 접사 형용사나 형용사의 중첩형, 형용사구가 관형어로 쓰이는 경우에는 '的'를 쓴다.

他是一位难得的好人。
吃着雪白的米饭还说什么废话？

采绿油油的野菜。
这是积极而可靠的办法。
这儿有很高级的家具。

구어에서 주로 쓰이는 2음절 형용사 '聪明, 干净, 健康, 快乐, 舒服, 积极, 认真, 漂亮' 등은 '的'를 써도 되고, 쓰지 않아도 된다.

聪明脑袋	干净水
健康状态	积极影响

5) 동사나 동사구, 전치사구, 성어, 절 등이 관형어로 쓰일 때는 모두 '的'를 써야 한다.

这是卖的票，谁都可以买。
旅行的人都走了。
我想认识几个说普通话的中国朋友。
刚成立的研究小组有五个人。
看完的书应该放回原来的地方。
我们已经完成了对这个问题的调查.
这几句是画蛇添足的话。
他热爱他从事的工作。

단, 관용적인 표현에서는 동사가 관형어로 쓰이더라도 '的'를 쓰지 않는다.

我看见过游行队伍。

建筑材料	学习计划
研究方法	参考资料

6) 같은 단어가 관형어로 쓰였더라도 한정적인 용법으로 쓰였느냐 묘사적인 용법으로 쓰였느냐에 따라 '的'을 쓰기도 하고 쓰지 않기도 하며, 이에 따라 가리키는 의미도 다르다.

中国银行　　　　　中国的银行
三斤鱼　　　　　　三斤的鱼
北京人　　　　　　北京的人
三间房子　　　　　三间的房子

他是我们班主任老师。

他是我们班主任的老师。

敌人的狐狸尾巴[52]露出来了。

狐狸的尾巴很大。

7) 관형어 간의 배열순서

(1) 병렬 관계를 나타내는 관형어 간의 배열순서

병렬 관계에 있는 관형어들은 서로 위치를 바꿀 수 있다.

王刚、刘新的技术最过硬。＝ 刘新、王刚的技术最过硬。

그러나, 서로 병렬관계에 있더라도 언어습관 · 인식 등의 영향으로 서로 위치를 바꿀 수 없는 관형어들도 있다.

这就是我军发展壮大的历史。

要摆正国家、集体与个人的关系.

(2) 점층 관계에 있는 관형어들은 서로 층차를 가지고 피수식어를 설명하여 서로 수식 범위가 다르기 때문에 그에 따라 순서를 정해야 한다.

这是 他 一天的 活动 安排.

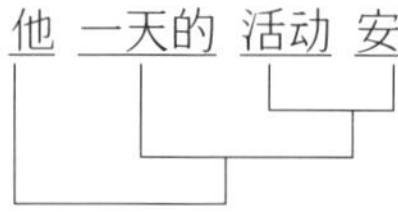

他已经不是 过去 那个 什么都不懂的 乡下 孩子了.

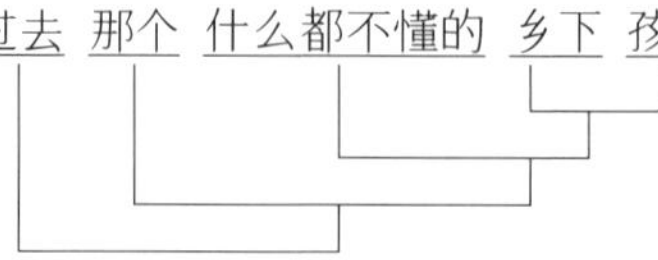

52) 여우가 사람으로 변해도 그 꼬리는 감추지 못한다는 고사에서 유래。

점층 관계에 있는 관형어 간의 배열순서는 대체적으로 다음의 규칙을 따른다.

(1) 일반적으로 한정하는 관형어는 앞에, 묘사하는 관형어는 뒤에 놓인다.

他买了 一件(한정) 很别致的(묘사) 礼品。

这件礼物是 一位(한정) 在北京留学的(한정) 好(묘사) 朋友送给我的

(2) 한정하는 관형어와 묘사하는 관형어의 대략적인 배열 순서는 아래와 같다.

① 소유를 나타내는 명사나 대사 ② 시간, 처소를 나타내는 어구
③ 지시대사, 수량사 ④ 동사(구), 전치사구
⑤ 형용사(구) ⑥ 성질을 나타내는 명사

他是 我校① 一位③ 最有影响的④ 教授。

他穿了 一双③ 薄而透的⑤ 尼龙丝⑥ 袜子。

幼儿园时② 老师讲的④ 那些③ 美丽动人的⑤ 故事我还记得。

他是 我① 中学时代② 一位③ 最要好的⑤ 朋友。

제5절 부사어

수식구조로 구성된 용언[53] 중의 수식성분으로, 일반적으로 동사나 형용사를 수식한다. 수량사나 명사(구)라도 술어로 쓰이면 이를 수식하는 성분은 관형어가 아니라 부사어이다.

53) 문장에서 서술어의 기능을 하는 동사, 형용사를 통틀어 이르는 말.

他耐心地给我解释着。

这里的老百姓特别热情、特别好客。

他刚二十岁。

那一定好消息。

1. 부사어의 주요 기능

부사어의 주요기능은 용언 중의 피수식어를 한정하고 묘사하는 것이다.

1) 한정성 부사어는 피수식어의 시간, 처소, 대상, 범위, 목적, 정도 등을 나타낸다.

我们明天早上六点就走。

他们在操场上踢足球。

他对谁都那么热情。

为了这项实验，他两天没睡觉了。

这位老师傅工作非常认真。

2) 묘사성 부사어는 동작이나 동작자의 상태를 나타낸다. 어떤 것은 동작이 진행되는 방식이나 상황을 묘사하며, 어떤 것은 동작을 할 때 동작자의 심정, 태도, 자세, 표정 등을 묘사한다.

大家把教室彻底打扫了一遍。

天色渐渐地暗了下来。

他一遍一遍地嘱咐我千万别忘了打电话。

他怀疑地看了我一眼。

孩子们目不转睛地盯着老师。

동작자를 묘사하는 부사어는 주어와의 사이에 의미상 주술관계가 성립하나, 동작을 묘사하는 부사어는 주어와의 사이에 의미상 주술관계가 성립하지 않는다.

他很无聊地放下手里的书。→ 他很无聊。
大家把教室彻底打扫了一遍。→ *大家彻底。

어떤 부사어는 동사의 목적어를 묘사하기도 한다.

他清楚地写了两个字。

2. 부사어의 위치

부사어는 피수식어 앞에 출현한다. 대부분 주어 뒤에 위치하나, 주어 앞에만 위치하는 부사어도 있고, 주어의 앞과 뒤에 모두 위치할 수 있는 부사어도 있다.

대부분의 묘사성 부사어와 한정성 부사어는 주어 뒤에만 위치한다.

他狼吞虎咽地大吃起来。
她默默地擦干了脸上的泪水。
你们把行李送到房间里去。
毕业十几年了，他一直没有忘记老师和母校。

'关于'·'至于'로 구성된 전치사구는 주어 앞에만 위치한다.

关于下半年的工作安排，我们下次会议研究。
问题是提出来了，至于怎样解决它，我还没想好。

'忽然，起初，回头，一时，原先，确实，的确' 따위의 부사나 장소나 시간을 나타내는 전치사구는 주어의 앞뒤에 모두 출현할 수 있다.

他的确这样想过。
的确他这样想过。
他在那儿生活得很愉快。
在那儿，他生活得很愉快。

장소나 시간 따위를 한정하는 부사어는 대부분 주어 뒤에 위치하나, 이를 강조하거나 그 구조가 복잡한 경우에는 주어 앞에 위치시켜야 한다.

当我写完最后一个字的时候，时针已经指向凌晨四点了。

3. 부사어와 '地'

부사어 뒤에는 흔히 '地'가 사용되기 때문에 '地'를 부사어의 형식 표지라고 한다. 그러나 모든 부사어 뒤에 '地'를 사용하는 것은 아니며, 이에는 일반적인 규칙이 있다.

한정성 부사어, 즉 부사, 수량사, 시간사, 전치사구 등이 부사어인 경우는 뒤에 일반적으로 '地'를 사용하지 않는다.

> 他刚离开我这儿。
> 你们到底赞成不赞成?
> 你们这样抄。
> 这个汉字怎么写?
> 我一趟拿得了。
> 这次我们输了两个球。
> 这次报告会凭票入场。
> 他的汉语书被朋友借去了。
> 大家为贵宾们的幸福干杯!

묘사성 부사어는 일반적으로는 '地'를 사용해야 하지만, '地'를 사용하지 않는 경우도 있다.

1) 형용사 부사어

단음절 형용사는 일반적으로 '地'를 붙이지 않는다. 단, 중첩형은 '地'를 붙일 수도 있고, 붙이지 않을 수도 있다.

> 桌子上的资料你们不要乱动。
> 他只是傻笑着，一句话也不说。
> 快说说吧，别让大伙着急了。
> 他轻轻(地)答道：“好的。”

2음절 형용사는 동작자를 묘사하는 부사어로 쓰이는 경우에는 뒤에 반드시 '地'를 붙여야 하나, 동작이나 변화를 묘사하는 경우에는 '地'를 붙여도 되고 붙이지 않아도 된다. 묘사 작용을 강조할 때는 '地'를 붙이고, 강조하지 않을 때는 '地'를 붙이지 않는다.

他惭愧地低下了头。

他轻松地唱了一支歌。

她又把信仔细(地)看了一遍。

我们着重(地)谈谈这个问题。

2음절 형용사의 중첩형과 형용사구가 부사어로 쓰이는 경우에는 '地'를 붙여야 한다.

他大大方方地走上台去。

从此，他更加刻苦地钻研起来。

2) 동사, 동사구 부사어는 일반적으로 '地'를 사용한다.

他尊敬地说："谢谢!"

很有礼貌地朝大家鞠了一躬。

他们连说带笑地走过来了。

3) 명사, 명사구 부사어: 시간이나 처소를 나타내는 명사나 명사구가 부사어로 쓰일 때는 '地'를 사용하지 않으나, 일반 명사가 부사어로 쓰일 때는 일반적으로 '地'를 사용한다.

我这个月病了两天。

我们外边散散步吧!

病人睡着了，别大声说话。

这些任务历史地落在了你们肩上。

수량구의 중첩형은 '地'를 붙이되, 중첩된 수사를 생략하는 경우에는 생략할 수 있다.

他一遍遍(地)嘱咐我："千万别忘了。"

4) 주술구조나 성어가 부사어로 쓰이는 경우에는 '地'를 사용한다.

他心疼地吻自己的小儿子。

他语气肯定地说明了情况。

他不知所措地看着我们俩。

4. 부사어 간의 배열 순서

1) 병렬 관계에 있는 부사어 간의 배열 순서

병렬 관계에 있는 부사어끼리는 서로 위치가 바뀌어도 의미에 변화가 없으나, 논리적인 관계나 습관 때문에 어순이 고정되기도 한다.

这样做 对集体, 对个人 都有一定的好处。

她 认真 负责地 管理着这个资料室。

병렬관계에 있는 여러 부사어가 한 피수식어를 수식하는 경우, 마지막에 있는 부사어 뒤에 '地'를 사용한다. 단 각각의 부사어를 모두 강조하고자 한다면, 각각의 부사어 뒤에 '地'를 사용할 수 있다.

他 热情地, 天真地, 好奇地 问这问那。

2) 점층 관계에 있는 부사어 간의 배열 순서

여러 부사어가 서로 점층적인 관계에 있으면서 한 피수식어를 수식하고 한정할 때, 그 배열 순서는 그 수식 범위에 따라 정한다.

他 终于 又 一次 登上了冠军的宝座。

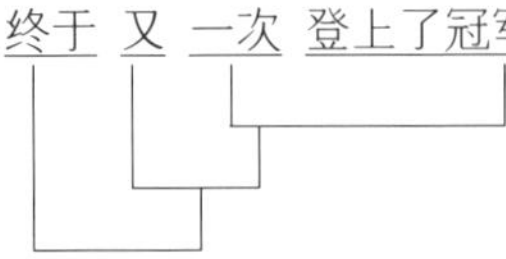

他 很流利地 用汉语 说出了这句话。

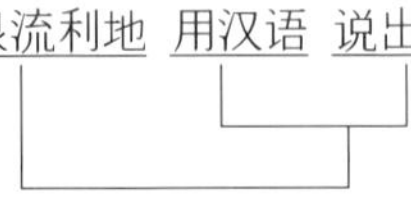

서로 점층 관계에 있는 부사어의 배열 순서는 일반적으로 아래의 규칙에 따른다.

① 시간명사 부사어
② 어기 · 접속 · 빈도 · 범위 부사어
③ 처소명사 부사어
④ 동작자를 묘사하는 부사어
⑤ 공간, 방향 표시 부사어
⑥ 목적, 근거, 대상 표시 부사어
⑦ 동작을 묘사하는 부사어

我 兴奋地 从信箱里 把信 抽了出来。
④ ⑤ ⑥

他 亲切地 跟我 慢慢地 聊了起来。
④ ⑥ ⑦

整整一个下午, 他 都 在操作台上 紧张地 操作着。
① ② ③ ⑦

동작을 묘사하는 부사어는 묘사 작용을 두드러지게 하기 위하여 앞으로 이동시킬 수 있다.

你 给我们 详细 介绍一下。
⑥ ⑦

你 详细地 给我们 介绍一下。
⑦ ⑥

대상을 표시하는 부사어 중에서 '被'전치사구와 '把'전치사구가 동시에 출현하는 경우에는 '被'전치사구가 '把'전치사구 앞에 온다.

他 被那伙歹徒 把眼睛 打伤了。

여러 부사가 같이 쓰일 때는 일반적으로 어기부사, 시간부사, 부정부사의 순으로 쓰인다.

这个人 也许 永远 回来了。
他 似乎 从来 沒 高兴过。

여러 전치사구가 같이 쓰일 때, 그것들이 시간과 관련된 전치사구들이면 시간상의 순서에 따라 나열하고, 공간과 관련된 전치사구들이면 위치상 전후에 따라 나열한다. 또한 동작의 주체자와 동작의 객체를 나타내는 전치사구이면, 동작의 주체자를 나타내는 전치사구를 앞에, 동작의 객체를 나타내는 전치사구를 뒤에 나열한다.

我们　从天安门　沿着西长安街　向西站　走去。
他　在屋里　向外面　大声 喊着什么。
由他　把结果　告诉你。
他　被人　把头 打破了。

의미상 묘사하는 대상이 각기 다른 경우에는 동작자를 묘사하는 부사어, 동작을 묘사하는 부사어, 동작의 대상을 묘사하는 부사어의 순으로 나열한다.

他　兴奋地　从哥哥手里　很快地　抢过那封信。

시간부사어와 장소부사어가 같이 쓰일 경우는 시간부사어, 장소부사어의 순으로 나열하고, 시간부사어가 여러 개 쓰일 경우에는 시간명사, 시간부사의 순으로 나열한다.

我们　明天　从北京　出发。
他　現在　已经　和别人　结婚了。

제6절 보어

동사나 형용사 뒤에서 동작이나 변화의 결과, 방향, 수량, 정도, 가능 등을 보충 설명하는 문장성분으로, (1) 결과보어, (2) 정도보어, (3) 방향보어, (4) 가능보어, (5) 동량보어, (6) 시간보어, (7) 수량보어 등이 있다.

他擦干净桌子。　　　　(결과보어)

她唱得很好听。　　　　(정도보어)
树上的叶子落下来了。　(방향보어)
我们一定赢得了他们。　(가능보어)
我去过一次天安门。　　(동량보어)
我跟我朋友谈了十分钟。(시간보어)
他高一米七六。　　　　(수량보어)

1. 결과보어

결과보어는 동사가 나타내는 동작으로 빚어진 결과를 나타내는 보어를 가리킨다.

我打破了一个杯子。
去年冬天，我学会了滑冰。

1) 동사와 보어는 각기 의미상 원인과 결과를 나타내며, 동보구조는 두 과정이 결합한 것으로 이해할 수 있다.

我吃(饭) + 我饱了 → 我吃饱了
救他了 + 他活了 → 救活他了
我听了 + 内容清楚了 → 我听清楚了
他喝(酒) + 他醉了 → 他喝醉了

2) 중국어의 동작동사는 단지 동작의 시행만 나타내고 그 동작의 목적을 달성했는지 여부는 나타내지 못하므로, 의미상 동작의 결과를 나타내야 할 경우에는 반드시 결과보어를 사용해야 한다.

*医生们紧张地工作，他们一定会救他。
*虽然今天学的生词很多，但约翰很快就全记了。
*这本书我到处托人买，今天可买了一本。

문맥상 앞 절의 내용에 근거하면 뒷 절에는 어떤 결과를 나타내는 표현이 있어야 한다. '救, 记, 买'는 어떤 동작이 있었음만 나타낼 뿐, 결과를 나타내지 못하므로 위의 문장은 모두 성립하지 않는다. 그러므로 위에서 술어 동사 뒤에는 '活, 住, 到' 등의 결과보어를 써야 성립한다.

3) 문장에서 결과보어는 동작자에 나타난 결과를 설명하기도 하고, 피동작자에 나타난 결과를 설명하기도 하며, 동작 자체를 묘사하거나 설명하기도 한다.

他一路上不知摔倒了多少次。(동작자)
我听懂了他的话。(동작자)
他扔掉一个空烟盒和一些碎纸。(피동작자)
我打算明天就把这笔钱寄走。(피동작자)
你看完这本杂志了吗？(동작)
我们商量好了，明天就动身。(동작)

4) 부정형식은 일반적으로 '没'를 사용한다.

这个故事我没听懂。
还有一次，裁判员没看清楚，判错了。

단, 가정문이나 조건문 또는 의지를 부정하는 문장에서는 '不'로 부정한다.

我不做完练习不去游泳。
我就不说清楚。

5) 동사와 결과보어의 결합은 아주 견고하여 마치 하나의 단어처럼 취급된다. 따라서 그 사이에 다른 성분을 삽입할 수 없어, '了'나 목적

어가 있으면 반드시 결과보어 뒤에 위치해야 한다.

*我照相完了。
*他从来没打过断别人的发言。

6) 결과보어 구문에서 목적어는 동보구조의 목적어로 간주한다. 따라서 자동사도 결과보어가 부가되면 목적어를 취할 수 있다.

他看见了一个人。
听了他这句话，大家笑疼了肚子。
他跑丢了一只鞋。

7) 정반의문문은 '동보구조'의 긍정형과 부정형을 병렬시키든지, 문미에 '没有'를 써서 만든다.

这个故事你们听懂没听懂?
你看完那本小说了没有?

8) 결과보어는 동사, 형용사, 전치사구로 충당되는데, 동사는 주로 단음절이고, 형용사는 주로 2음절이다.

他把妹妹气哭了。
房间打扫干净了。
马克思出生于1818年。

단음절 형용사 '大, 小, 快, 慢, 肥, 瘦, 轻, 重, 咸, 淡, 长, 短, 粗, 细, 宽, 窄, 高, 低' 등이 형용사가 결과보어로 쓰였을 때는 동작의 결과가 어떤 기준에 부합하지 않음을 표시한다.

今天上课我来晚了。
这件衣服做大了。

결과보어로 충당되는 전치사구는 '自, 在, 给, 到, 向, 往, 于' 등으로 구성된 전치사구로 한정된다.

我们来自五湖四海。
疗养院座落在半山腰。
我一定寄给你。
他经常工作到黎明才睡觉。
溪水欢快地流向远方。
车队开往北京。
文章的字数不能少于一万字。

전치사구가 결과보어로 쓰일 때, 어음의 휴지는 전치사 뒤에 있으며 전치사 뒤에 동태조사 '了'가 올 수도 있어, 이를 동사로 간주하는 견해도 있다.

我把那几本辞典放在了你的桌子上。

9) 상용 결과보어

(1) '见'은 일반적으로 감각동사 '看', 瞧, 瞅, 望, 听, 闻'이나 '遇, 碰, 梦' 등의 뒤에 쓰여 '동작의 목적이 달성됐음'을 표시한다.

孩子们看见我来了，都非常高兴。
这种物体发出的声音太小，我听了半天也没听见。
一进门我就闻见一股香味。
你遇见老刘告诉他一声，今晚在家里等我。
我昨天梦见了我的一个老同学。

(2) '住'는 동작을 통하여 사람이나 사물의 위치가 고정됨을 나타낸다.

他听了我的话立刻站住了。
我紧紧握住老李的手。
门挡住了外面的灯光。
这些生词我记住了。

(3) '着'는 동작의 목적이 달성되었거나, 좋지 않은 결과를 초래됨을 나타낸다.

你说的那本书我借着了。

他看着书，睡着了。

这个孩子穿得太少，冻着了。

你们休息一会儿，小心别累着。

(4) '好'는 동작이 원만한 상태로 완성됐음을 나타낸다.

他把所有的工具都修理好了。

这篇文章写好了，交给你吧。

(5) '掉'는 이탈되거나 소실됨을 나타낸다.

小心点儿，别把他的博士帽碰掉了。

这段话是多余的，删掉吧。

(6) '在'은 동작을 통하여 사람이나 사물이 어떤 장소에 존재하거나, 사건이 어떤 시간에 발생했음을 나타낸다.

你们把生词抄在本子上。

这个故事发生在古代。

(7) 到

동작을 통하여 사람이나 사물이 일정한 곳에 도달했거나, 동작이 어느 시간까지 지속되었거나, 동작의 목적을 달성했음을 나타낸다.

他已经回到家了。

这本书我今天一定要看到五十页。

每天晚上他都学习到十二点。

我找到他的房间了。

(8) 开

동작을 통하여 사람이나 사물이 원래의 장소에서 분리되어 이탈됨을 나타낸다.

他拿开了旁边的锅。

他解开了捆书的绳子。

他开开窗户了。

2. 정도보어

술어의 정도를 묘사하거나, 어떤 동작이나 상태가 출현한 후의 양태[54]를 설명하는 보어를 가리킨다. '得'를 사용하는 유형도 있고, '得'를 사용하지 않는 유형도 있다. 또한 구조조사로 '个'를 사용하는 보어도 있다.

今天太阳晒极了。

他说得很流利。

她写汉字写得很整齐。

他哭得眼睛都红了。

1) '得'를 사용하는 정도보어

의미상 상태의 정도를 나타내는 것과 동작이 진행된 결과의 정도를 나타내는 것이 있다.

(1) 상태의 정도를 강조하는 정도보어

흔히 '很, 多, 不得了, 了不得, 要死, 要命, 慌' 등이 정도보어로 충당되며, 형용사나 심리 활동을 나타내는 동사가 술어로 사용된다.

刚才我渴得很。

由小路走近得多。

我妹妹急得不得了。

这个孩子哭得了不得。

这个人坏得要命，别理他。

我无聊得要死。

54) 실체가 어떤 속성을 통해 변화된 상태, 사물이 존재하는 모양이나 형편.

虽然饿得慌，但还是能撑得住。

목적어가 있으면 동사를 반복하고, 반복한 동사 뒤에 보어를 사용한다.

동사 + 목적어 + 동사 + '得' + 정도보어

妈妈爱儿子爱得不得了。

부정형식이나 정반의문형식은 없다.

(2) 동작이 진행된 결과의 정도를 나타내는 정도보어

他长得很高。

弟弟爬山爬得很快。

형용사가 정도보어로 쓰인다. 긍정의 평서문에서는 일반적으로 형용사 앞에 정도부사 '很, 太, 真, 非常, 特别, 多(么)' 등을 사용한다.

她唱得很好听。

你的脸晒得真红。

他批评得非常正确。

你的表哥走得太慢了。

树上的苹果红得多么可爱。

만약 비교, 대조의 의미를 나타내고자 하면, 정도부사 없이 형용사를 단독으로 사용한다.

他跑得快，你跑得慢。

他睡得早，起得晚。

부정형식은 보어로 쓰이는 형용사 앞에 '不'를 사용하여 만든다.

这种点心做得不好吃。

这化验报告写得不符合要求。

정도를 묻는 의문문은 보어로 '怎么样'를 사용하거나, 보어의 긍정형과 부정형을 병렬하여 만든다.

你家院子里的树栽得怎么样?

他念得熟不熟?

목적어가 있는 경우에는 일반적으로 동사를 반복하고, 보어를 반복한 동사 뒤에 놓는다. 동사를 반복하지 않으려면 목적어를 동사나 주어 앞에 놓아야 한다.

동사 + 목적어 + 동사 + '得' + 정도보어

他打行李打得很结实。

那个演员演一个小姑娘演得像极了。

生词我们记得很快。

他汉语说得不错。

정도부사 이외의 부사어는 일반적으로 동사 앞에 놓는데, 목적어가 있어 동사를 반복하는 경우에는 반복된 동사 앞에 놓인다. 부사어를 첫 번째 동사 앞에 놓아서는 안 된다.

他常常来得很早。

他的字比我写得好看。

他们朗诵诗都朗诵得非常好。

*他已经讲这个问题讲得很清楚了。

비교의 대상을 나타내는 전치사구는 동사 앞에 놓을 수도 있고, 보어 앞에 놓을 수도 있다.

他比我们做得多得多。

那棵树比这棵树高得多。

这种绸子织得比那种好多了。

汉语他说得跟中国人一样流利。

같은 형용사가 정도보어로 쓰이는 경우와 부사어로 쓰이는 경우, 정도보어는 중심어의 동작이 진행된 정도를 보충 설명하고, 부사어는 동작이 진행되는 상태, 방식을 서술한다. 정도보어를 수반하는 동작은 일반적으로 이미 완성되었거나, 늘 발생하는 동작이다. 반면 부사어를 수반하는 동작은 일반적으로 앞으로 발생할 동작이므로,

부사어는 대개 명령문에 쓰인다.[55)]

他很快地写了一封信。

他写信写得很快。

快跑!

他跑得快。

我想认真地讨论一下。

*我想讨论得很认真。

정도보어를 사용하는 경우에는 의미의 초점이 정도보어에 있고, 부사어를 사용하는 경우에는 의미의 초점이 동사에 있다.

*这个问题我们昨天讨论了，大家很认真地讨论了。

→ 这个问题我们昨天讨论了，大家讨论得很认真。

他们要仔细检查，免得发生错误。

我们仔细地检查了，没发现错误。

我们检查得很仔细，不会有错误了。

'努力'와 같은 일부 형용사는 정도보어로 쓰이지 않는다.

*他工作得很努力。

他一定努力工作。/ 他工作很努力。

(3) 동작의 결과를 나타내는 정도보어

일반적으로 동사구나 주술구조가 보어로 쓰인다.

他笑得直流眼泪。

我急得冒汗。

大炮的声音吓得敌人不敢出来。

他讲得大家都笑了.

55) 반면 부사어를 수반하는 동작은 이미 발생한 동작일 수도 있고, 앞으로 발생할 동작일 수도 있다. 따라서 명령문에서는 부사어로만 쓰이고 정도보어로는 쓰이지 않는다.

2) '得'를 사용하지 않는 정도보어

술어의 정도를 나타내며, '极, 坏, 死, 透, 多' 등이 보어로 충당되고, 문장 끝에는 반드시 '了'를 사용한다.

他为这件事急坏了。

我現在难受死了。

情況糟透了。

她比以前漂亮多了。

형용사나 심리 · 감정을 나타내는 동사가 술어로 쓰인다.

大家对张教授佩服极了。

목적어가 있으면, 흔히 동사를 반복하고 반복한 동사 뒤에 보어를 쓴다.

妈妈想孩子想极了。

他像爸爸像极了。

'死'나 '坏' 등은 보어 뒤에 목적어를 쓰기도 한다.

这件事乐坏我了。

笑死我了。

3) '个', '得个'로 사용하는 정도보어

형용사가 보어로 충당되는 경우에는 긍정형만 있고 부정형은 없다. 주어가 1인칭인 경우 일반적으로 화자의 바람이나 건의를 나타낸다. 술어 동사 뒤에 '了'를 사용할 수 있으며, '个' 앞에 '得'을 사용할 수도 있다.

동+(了)个+보[형]　　　　동+得个+보[형]

咱们喝个痛快。

他们回宿舍，洗了个干净。

孩子们玩了个痛快。

洗得个干干净净的。

동사가 보어로 충당되는 경우에는 '不停, 不住, 没完' 등 부정형만 있다. 역시 술어 동사 뒤에 '了'를 사용할 수도 있다.

동+(了)个+보^{동}

雨下个不停。

妈妈高兴得笑个不住。

他说了个没完。

3. 방향보어

동사 뒤에서 동작의 방향을 보충 설명하는 보어를 가리킨다. 방향보어에는 단순방향보어와 복합방향보어의 두 종류가 있다. 단순방향보어는 '上, 下, 进, 出, 回, 过, 起'와 '来, 去'로 충당되며, 복합방향보어는 '上, 下, 进, 出, 回, 过, 起' 7개 이동동사와 '来, 去'가 결합한 동사구로 충당된다.

◎ 간단 방향보어

來, 去, 上, 下, 进, 出, 回, 过, 起

这本书借来了。

他下来了。

我上去。

东西已经寄去了。

◎ 복합 방향보어

上来	上去	下来	下去	进来	进去	出来	出去
回来	回去	过来	过去	起来			

他们爬上山去了。

树上的叶子落下来了。

客人走进客厅来了。

代表们陆续走出会场来了。

这个月的工资领回来了。

我们的国旗昇起来了。

1) 방향보어 '来'와 '去'가 나타내는 방향에는 일정한 기준점이 있다. 화자가 출현하거나 1인칭으로 서술할 때는 화자나 '我'의 위치가 기준점이 되고, 3인칭으로 서술할 때에는 서술하는 인물의 소재가 기준점이 된다. 즉 "我们搬进去吧。"에서는 '我們'의 현재 위치가 기준점이고, "大家急忙向他跑过去。"에서는 '他'가 소재한 곳이 기준점이다.

2) 동사 뒤에 바로 오는 방향보어 '来, 去'는 경성으로 읽는다.

3) 구조조사 '得'를 사용하지 않는다. 술어와 방향보어 사이에 '得'를 사용하면 가능보어가 된다.

我们上去。→ 我们上得去。

他跑下来了。→ 他跑得下来。

4) 방향보어가 있는 동사 뒤에는 동태조사 '了'나 '过'는 사용할 수 있지만, '着'는 사용할 수 없다. 만일 조사 동사와 복합 방향보어 사이에 '着'를 사용하면 구조와 의미가 달라진다. 즉 연동문이 된다.

*他买着来三公斤梨。

*他买来着三公斤梨。

狗爬进去。→ 狗爬着进去。

他跑回来了。→ 他跑着回来了。

5) 방향보어의 의미

(1) 기본의미

'上, 下, 进, 出, 回, 过, 起'는 동작이 실제로 향하는 방향을 나타내고, '来, 去'는 기준점에 대한 상대적인 방향을 나타낸다. '来'는 이동체가 기준점으로 이동함을 나타내고, '去'는 이동체가 기준점에서 멀어짐을 나타낸다. 복합방향보어는 '上', '下' 등이 나타내는 절대적인 이동방향과 '来', '去'가 나타내는 상대적인 방향의 이중적인 방향을 나타낸다.

他走进了客厅 + 他进客厅去了 → 他走进客厅去了。

孩子跑下楼了 + 孩子下楼来了 → 孩子跑下楼来了。

他朝马路这边走过来了。

大家拿出票来。

他朝马路那边跑过去了。

我们搬进两张桌子去。

① 来 · 去

'来'는 이동체가 기준점으로 이동함을 나타내고, '去'는 이동체가 기준점에서 멀어짐을 나타낸다.

他向我这儿跑来了。

他在楼下, 我们从楼上下去吧。

我借来一本小说, 挺有意思的。

他给朋友寄去一封信。

② 上 · 下

上'은 이동체가 낮은 곳에서 높은 곳으로 이동함을 나타내고, '下'는 이동체가 높은 곳에서 낮은 곳으로 이동함을 나타낸다.

房上有积雪, 他爬上房顶扫雪。

他跳下汽车就跑了。

③ 进・出

'进'은 이동체가 일정한 공간 밖에서 안으로 이동함을 나타내고, '出'는 이동체가 공간 안에서 밖으로 이동함을 나타낸다.

他从小包里取出一副眼镜戴上。

他怀着激动的心情走进故宫博物院。

④ 回

'回'는 이동체가 동작을 통하여 원래 위치로 되돌아옴을 나타낸다56).

参观完后，用汽车把他们送回学校。

这些东西用完后，都应该放回原处。

⑤ 过

'过'는 동작을 통하여 어떤 장소를 지나거나 통과함을 나타낸다.

他穿过马路，来到书店门前。

美丽的小鸟从她头上飞过。

⑥ 起

동작이 아래에서 위로 행해짐을 나타낸다. '上'은 도달하는 위치를 필요로 하기 때문에 뒤에 장소를 나타내는 어구가 반드시 있어야 하지만, '起'는 그렇지 않다는 점에서 '上'과 다르다.

他抬起头，向远方看去。

他提起行李走出门去。

(2) 파생의미

방향보어는 방향을 나타내는 것 외에 동작으로 인해 나타난 결과나 동작이 시간상 처한 상태를 나타내기도 한다.

① 上

동작을 통하여 이동체가 기준점으로 이동하여 접근함을 나타낸다.

---

56) 일반적으로 '家, 祖国, 出发地, 主语' 등이 원위치.

我就快步走上前问他有什么事。

他走上前來，悄悄对我说："……"

물체가 접촉되거나 부착됨을 나타낸다.

我想在这儿摆上一个花瓶。

闭上眼睛休息一下。

주요물체, 전체가 기준점이 될 때에는 '上來'를 사용하고, 부차적 물체, 부분이 기준점이 될 때에는 '上去'를 사용한다.

这幅画儿很好看，你贴上去吧。

这个名单上的人不够，能不能补上来几个?

바라던 목적을 실현했음을 나타낸다.

他被评上了优秀学生。

经过几年的努力，我们总算住上了新房。

동작이나 상태가 시작되어 지속됨을 나타낸다.

从去年，我就喜欢上了集邮。

你们怎么刚写了一会儿作业就玩上了。

② 下

동작을 통하여 이동체가 기준점에서 물러남을 나타낸다.

服务员端下一盘菜倒掉了。

教练看他太累了，把他换下场来。

동작을 통하여 고정됨을 나타낸다.

这件事给我留下了深刻的印象。

请你把黑板上的句子抄下來。

동작을 통하여 분리됨을 나타낸다. 분리하여 보존하는 경우는 '下来'를 사용하고, 분리하여 버리는 경우는 '下去'를 사용한다.

他摘下帽子，脱下外衣，走进屋来。

我用力从地里拔下来一个萝卜。

下课了，学生把黑板上的字擦下去了。

어떤 공간에 일정한 수량을 수용함을 나타낸다.

这个体育场能容下两万人。

这个箱子挺大的，这些衣服都能装下。

동태에서 정태로의 변화를 나타낸다.

我一喊，他就停下了。

汽车开到我家门口，停了下来。

'下來'는 동적인 상태에서 정적인 상태로, 혹은 밝은 상태에서 어두운 상태로의 변화 등 점진적인 변화 과정을 나타낸다. '下去'는 形容词 뒤에 쓰여, 어떤 상태가 시작되어 지속된다는 의미를 나타낸다.

天漸漸黑下來了。

他渐渐地安静了下来。

听了这句话，他的眼光黯淡下去了。

再胖下去可不行。

'下来'는 동사와 결합할 수 있으나, '下去'는 동사와 결합할 수 없다.

'下来'는 주로 눈앞의 변화를 나타내고, '下去'는 원거리의 변화를 나타낸다.

教室里静下来了。

隔壁争吵声渐渐低下去。

'下来'는 (과거부터 현재까지) 계속됨을 나타내고, '下去'는 현재에서 미래로 동작이 계속 진행됨을 나타낸다.

他终于坚持了下来。

我明年还要在中国学习下去。

목적어가 있으면 동사나 주어 앞에 놓거나 전치사 '把'를 사용해야 한다.

这些问题我们还要讨论下去。

他们要把那个话剧排演下去。

③ 过

동작을 통해 동작의 객체가 전달됨을 나타낸다.

她接过生日礼物，激动得流下了热泪。

방향이 전환됨을 나타낸다.

转过身子，让大家看看背面。

어떤 기준을 초과함을 나타낸다.

糟了，我们坐过了站了。

使过了劲儿，竟把盖给拧坏了。

④ 起来

동작을 통하여 이동체가 집중됨을 나타낸다.

把大家的意见集中起来。

把这些衣服收拾起来。

我们应该团结起来。

晒干的衣服都收起来了。

어떤 평가를 내리는 방면을 나타낸다.

这些事说起来容易，做起来难。

看起来，他不会同意了。

他走起来快得很。

这种东西用起来很方便。

어떤 상태가 시작하여 지속됨을 나타낸다.

他吓得叫了起来。

听了他的话，大家都笑起来了。

목적어가 있으면 '起'와 '来'의 사이에 놓는다.

他刚唱完，大家就鼓起掌来了。

快来吧，他们布置起会场来了。

형용사와 결합하여 새로운 상태의 시작을 나타낼 때, 일반적으로

'起来'는 긍정적 의미의 형용사에 사용되고, '下去'는 부정적 의미의 형용사에 사용된다.

好起来	坏下去
亮起来	暗下去
坚强起来	软弱下去
富裕起来	贫困下去

그러나 상규에 어긋나는 변화를 나타내는 경우에는 '起来'가 부정적 의미의 형용사와 결합하기도 한다.

大白天, 怎么天忽然暗起来了?

拍了马一鞭子, 马跑得反而慢起来了。

⑤ 出来

동작을 통하여 어떤 결과가 발생했음을 나타낸다. 즉 없었던 것이 생겨난 것을 나타낸다.

那张画他画出来了。

这个月的计划他已经订出来了。

동작을 통하여 사람이나 사물을 식별, 분별함, 혹은 숨겨졌던 것이 노출됨을 나타낸다.

这个机器的毛病我检查出来了。

我听出你的声音来了。

6) 목적어의 위치

(1) 목적어가 장소 · 방위를 나타낼 때는 목적어를 방향보어 '來'나 '去' 앞에 놓아야 한다.

他上楼来了。

*他回来家了。

他走进礼堂来了。

*他回去学校了。

(2) 목적어가 사람이나 사물을 나타낼 때는 방향보어 '来'나 '去'의 앞이나 뒤에 모두 놓을 수 있다.

我要给姐姐寄<u>一套明信片</u>去。

他想从外边搬<u>一把椅子</u>来。

我给姐姐寄去了<u>一套明信片</u>。

他从外边搬来了<u>一把椅子</u>。

7) 동태조사 '了' 의 위치

동사 뒤에 놓을 수도 있고, 방향보어 뒤에 놓을 수도 있다.

他买了三公斤梨来。

他带来了一些朋友。

狗从狗洞爬了进去。

他给我们送过来了几个苹果。

4. 가능보어

동작의 실현 여부 또는 동작 이후 어떤 결과나 상황에 도달할 수 있는지의 여부를 보충 설명하는 보어를 가리킨다.

동사 + '得/不' + 결과보어/방향보어

동사 + '得/不' + 了(liǎo)

동사 + '得/不得'

1) 동사 + '得/不' + 결과보어/방향보어

(1) 동작을 통해 어떤 결과나 방향 이동을 실현할 수 있는지의 여부를 나타내는데, 실현이 가능한 경우에는 '得'를 사용하고, 불가능한 경우에는 '不'를 사용한다.

电话打得通吗?

别看东西多，好好摆摆，肯定装得下。

生词太多了，记不住。

箱子太重了，拿不起来。

(2) '不应该'·'不准许'의 의미를 나타내는 경우, 즉 금지나 불허를 나타낼 때에는 가능보어의 부정형을 사용하지 않으며 조동사의 부정형 '不能'을 사용한다.

*他们正在开会，你进不去。

他们正在开会，你不能进去。

*你说不出这种伤害人的话。

你不能说出这种伤害人的话。

(3) 주로 부정형이 사용된다. 긍정형은 거의 사용되지 않고, 아래 몇 가지 상황에서만 사용할 수 있다.

① 가능보어를 사용한 질문에 대답하는 경우

A：你听得见听不见？ B：听得见。

② 동사 앞에 추측을 나타내는 부사가 있는 경우.

你去商店看看吧，也许还买得到。

③ 완곡하게 부정을 나타내는 경우.

他的病不是药能治得好的。

(4) 술어동사는 대부분 단음절 동사를 사용한다. 만약 쌍음절 동사인 경우에는 같은 뜻의 단음절 동사로 대신한다.

回答 ⇒ 答得出，答不出

考试 ⇒ 考得好，考不好

(5) 아래의 경우에는 일반적으로 가능보어를 사용하지 않는다.

① 문장에 동작을 묘사하는 부사어가 있는 경우, 이 부사어는 가능성을 묘사하는 것이 아니라 동작이나 행위를 묘사하는 것이기 때문에 가능보어 동보구 앞에 위치할 수 없다.

*他拼命地做得完这项工作。

② '把'자문이나 '被'자문에서는 '把'자구나 '被'자구 뒤에 반드시 결과를 나타내는 성분이 와야 하기 때문에 가능보어를 사용할 수 없고, 연동문에서는 의미상 두 동사구를 분리하여 생각할 수 없기 때문에 가능보어를 사용할 수 없다.

*吃饭前，我把作业做得完。

*敌人被战士们打得败。

*食堂没开门，我们进不去食堂吃饭。

③ 표현의 중점이 가능성에 있지 않은 경우

*他打了几次电话才打得通。

④ 동사 앞에 '不能'이 있는 경우

*她说的话我不能全听得懂。

(6) 불가능의 정도가 미미할 때에는 보어 앞에 '太'·'大' 등의 정도 부사를 사용할 수 있다.

听不大清楚　　　　　说不太准

(7) 긍정적인 의미를 지닌 결과보어만 가능보어로 변환할 수 있고, 부정적인 의미를 지닌 결과보어는 가능보어로 전환할 수 없다.

这件衣服我洗得干净。

*这件衣服我洗得脏。

这个问题我弄得明白。

*这个问题我弄得糊涂。

2) 동사 + '得/不' + 了(liǎo)

(1) 동작이나 변화의 실현 가능성이나 추측을 나타낸다.

我们一定赢得了他们。

他肚子疼，今天的参观去不了了。

天又晴了，看样子，雨下不了了。

일반적으로 부정형식이 쓰이나, '不准许'의 의미를 나타낼 때에는 쓰이지 않는다.

今天晚上我能去，小金去不了。

*一个人去不了，会掉在沟里。

*你的要求是错误的，我答应不了。

⑵ 형용사 뒤에 쓰이는 경우에는 성질이나 정도에 대한 추측을 나타내며, 주로 구어에서 부정 형식이나 부정의 의미를 나타내는 긍정문에 사용된다.

这小河，水深不了，过得去。

你比小王大不了几岁。

⑶ 이렇게 쓰이는 '了'에는 결과의 의미가 없지만, '完了'의 결과 의미를 나타내는 경우도 있다.[57]

太硬了，这饭我吃不了。(가능)

太多了，这饭我吃不了。(완료)

3) 동사 + '得/不得'

⑴ '得'는 긍정 형식으로서 '能够'·'可以'의 의미를 나타내고, '不得'는 부정형식으로 '不能够'·'不可以'의 의미를 나타낸다.

这个人你可小看不得。

那个地方太偏僻，去不得。

---

57) 다음 가능보어 동보구의 의미를 비교해보자

吃不了: (너무 많아) 먹을 수 없다

吃不得: (변질되어) 먹을 수 없다

吃不起: (비싸서) 먹을 수 없다

吃不下: (배가 불러) 먹을 수 없다

買不到: (파는 곳이 없어) 살 수 없다

買不了: (너무 많아서) 살 수 없다

買不着: (물건이 없어서) 살 수 없다

買不起: (너무 비싸서) 살 수 없다

買不下: (가격이 맞지 않아) 살 수 없다

看不見: (앞이 막혀) 볼 수 없다

看不上: 마음에 들지 않는다

看不起: 무시하다

看不完: (시간이 부족하여) 다 볼 수 없다.

(2) 일부는 이미 관용화되어 하나의 단어로서 기능한다.

顾不得　　恨不得　　怪不得　　巴不得　　舍得　　舍不得

记得　　记不得　　值得　　值不得

(3) 주로 권고, 일깨움, 경고 등을 나타내는 때 사용된다. 그래서 대개 부정형식이 사용된다. 주로 진술문에서만 사용하며, 명령문에서는 사용하지 않는다.

4) 가능보어 사용시 주의할 사항

(1) 가능보어가 나타내는 어법 의의는 주로 어떤 조건이 동작·변화·결과 등의 실현을 허락하느냐 하는 것이기 때문에, 일반적으로 미완성된 동작이나 일시적인 변화를 나타내는 상황에 많이 사용된다. 따라서 이미 완성된 동작에는 가능보어를 사용할 수 없으며, 또한 동사나 가능보어 뒤에 완료를 나타내는 '了'도 사용할 수 없다.

*昨天晚上突然肚子疼，所以看不了电影了。

*都两点了，怎么一个人也来不了。

*这箱子不重，你看我拿了得起来。

(2) 목적어가 있으면, 보어 뒤나 문장 머리에 위치한다.

我听得懂<u>他的话</u>。

<u>这件事</u>我办得了。

(3) 긍정 형식과 부정 형식을 병렬하여 의문을 나타낼 수 있다.

<u>来得了来不了</u>?

<u>看得看不得</u>?

5. 동량보어

동작이 진행된 횟수를 보충 설명하는 보어를 가리킨다.

我去过一次天安门。

老师把头轻轻地点了一下儿。

1) 주로 수사와 동량사로 이루어진 수량구로 충당된다.

这本小说他看了两遍。

我明天去一趟书店。

2) 동사 뒤에 놓여 동작이 실행된 횟수를 나타내며, 동사 앞에 놓일 수 없다.

他去过一次长城。

*我想两遍看这个电影。

3) 목적어가 있는 경우, 목적어의 위치

(1) 목적어가 일반 사물명사이면 동량보어 뒤에 놓여야 한다.

我们明天要演两场<u>话剧</u>。

你去一趟<u>商店</u>吧。

*我们讨论过这个问题几次。

(2) 목적어가 인칭대사이면, 동량보어 앞에 놓여야 한다.

我找了<u>他</u>两回。

他叫了<u>我们</u>一声。

*他批评过一次<u>我</u>。

(3) 목적어가 사람이나 장소, 지명을 가리키는 명사이면, 동량보어 앞과 뒤에 모두 올 수 있다. 58)

---

58) '下'

1. 구체적 횟수를 나타내는 경우

인칭대사목적어:	동사+목적어+보어	打了他三下。
사람명사:	동사+목적어+보어	推了孩子三下。
사물명사 목적어:	동사+보어+목적어	鼓了三下门。

2. 어기완화

昨天我找过王老师两次。

昨天我找过两次王老师。

我们看了小李一眼。

我们看了一眼小李。

我去过图书馆一次。

我去过一次图书馆。

단 보어가 '刀, 拳, 脚, 把, 掌' 등의 차용양사로 구성되어 있으면, 목적어는 보어 앞에 놓아야 한다.

他打了那男的一把掌。

那个队员狠狠踢了我的队员一脚。

他踢了狗一脚。

(4) 동태조사 '了'나 '过'가 있으면, 동사 뒤에 위치해야 한다.

我去过三次北京。

*我看一遍了书。

(5) 동량보어를 동반한 동사는 중첩 할 수 없다.

*我只写写一遍。

(6) 일반적으로 동량보어 구문은 부정문이 없다. 단, 특별히 횟수를 부정하는 경우에는 '没'를 써서 부정할 수 있다.

这个电影我只看过一次, 没看过两次。

동사 앞이나 '수량사' 앞에 '没'를 써서 횟수가 적음을 나타내기도 한다.

这个小说我没看几遍。

北京我去过没几次。

인칭대사목적어: 동사+목적어+보어 你去问他一下。
사람, 사물목적어: 동사+보어+목적어 你去问一下老师。我问一下这个问题。

(7) 동량보어와 동량을 나타내는 부사어

동량보어는 동작이 진행된 횟수를 나타내고, 부사어는 어떤 상황이 발생하기까지 소요된 횟수를 나타낸다.

那篇广播稿他念了三遍。

那篇散文他三遍才看懂。

6. 시간보어

동작이 지속된 시간, 또는 동작이 완료된 후 발화시까지의 시간을 보충 설명하는 보어를 가리킨다.

我跟我朋友谈了十分钟。

我写汉字写了两小时。

他来北京已经两年了。

他大学毕业一年了。

1) 동작이 지속된 시간을 나타내는 시간보어

(1) 시간을 나타내는 수량구나 명사구가 보어로 충당된다.

我看电视看了两个钟头。

我在中国住了两年。

(2) 수량보어와 목적어의 위치

① 동사 뒤에 목적어가 있으면, 동사를 반복하여 목적어는 첫 번째 동사 뒤에 놓고, 보어는 반복한 동사 뒤에 놓아야 한다.

他买书买了半天。

每年冬天我们放假放三个星期。

부사어가 있는 경우는 중복된 동사 앞에 놓인다.

*他刚学历史专业学半年。

→ 他学历史专业刚学半年。

② 동사를 중복하지 않을 경우에는 목적어를 시간보어 뒤에 둔다. 목적어와 보어 사이에 '的'을 사용할 수도 있다. 단, 목적어가 인칭대사일 경우에는 보어 앞에 놓아야 한다.

我们听了一个钟头音乐。

他照顾了他几天。

我在这儿等了你一个小时了。

(3) 시간보어를 동반하는 동사는 중첩 할 수 없다.

*我们休息休息一会儿。

(4) 일반적으로 시간보어 구문에는 부정형식이 없으나, 특별히 시간을 부정하는 경우에는 '没'로 부정할 수 있다.

我说了没几分，就被他打断了。

我没说几分，就被他打断了。

조건을 나타내는 문장에서는 동사 앞에 '不'을 사용하여 부정한다.

你不休息一会儿不行。

(5) 시간보어와 시간을 나타내는 부사어

시간보어는 동작이 지속된 시간을 나타내며, 시간 부사어는 어떤 상황이 발생하거나 존재했던 시간대나 동작이나 발생하는 시간을 나타낸다.

他学习了三年汉语。

我三个月翻译了一本小说。

这位劳动模范一年干了一年半的活儿。

他两天没回家。

昨天晚上我们一夜没睡觉。

2) 동작이 완료된 후 발화시까지의 시간을 나타내는 시간보어

(1) '来, 去, 离开, 毕业, 死' 등과 같은 동사는 일반적으로 지속될 수

없다. 이러한 동사 뒤에 쓰이는 시간보어는 동작이 완료된 후 발화 시까지 경과한 시간을 나타낸다.

他离开家一年了。

我们结婚才一年多。

(2) 목적어가 있으면, 목적어는 동사 바로 뒤에 둔다.

我们下课已经有二十分钟了。

*他到半年多北京了。

(3) 시간부사 '已经'은 동사 앞에 놓일 수도 있고, 보어 앞에 놓일 수도 있다.

我们已经认识五年了。

会议结束已经两年了。

(4) 일반적으로 동사와 목적어 사이에 동태조사 '了'를 사용할 수 없다.

*他出了过三年。

他走了一个小时了。

3) 일부 동사는 1)과 2)의 시간보어를 모두 취할 수 있다. 단, 1) 유형의 시간보어를 취하느냐 2) 유형의 시간보어를 취하느냐에 따라 의미가 다르다.

a. 他起床已经一刻钟了。

b. 他起床起了一刻钟。

a는 잠자리에서 일어난 지 15분이 지났다는 뜻이고, b는 잠자리에서 일어나기까지 15분이 걸렸다는 뜻이다.

7. 수량보어

형용사 뒤에서 길이나 높이 등의 수량을 보충 설명하는 보어를 가리킨다.

高三公尺　　　　远一公里

大三岁　　　　　长七十公分
宽一米　　　　　短一点儿

1) 대개 형용사나 '早, 晚, 多, 少' 등을 부사어로 취한 동사구가 술어로 쓰인다.

他高一米七六。
这条路宽八米。
这张桌子长一米。
这包白糖重两公斤。
他晚来了两天。
今天他比我早来一个小时。

2) 비교문에서 비교 결과의 구체적 차이를 나타낸다.

他比你瘦一点儿。
我比他大两岁。
他比你小两个月。
他比我高一点儿。

제5장 문장

일정한 어법규칙에 따라 낱말이나 구로 구성된 어법단위로, 완전한 의사를 전달하며, 일정한 어기와 억양을 갖는다. 담화 중 문장과 문장 사이에는 비교적 큰 휴지가 있는데, 이러한 휴지를 서면상에서는 마침표를 사용하여 나타낸다.

문장은 구조와 용도에 따라 다음과 같이 분류할 수 있다. 구조에 따른 분류는, 먼저 주어와 술어의 관계가 한번 포함되느냐 두 번 이상 포함되느냐에 따라서 단문과 복문으로 분류하고, 주어와 술어 두 성분을 모두 가지고 있느냐 하나만 가지고 있느냐에 따라서 주술문과 비주술문으로 분류하며, 다시 주술문은 술어의 특성에 따라 동사술어문, 형용사술어문, 명사술어문, 주술술어문으로, 비주술문은 무주어문, 단어문, 축약문의 3가지로 분류한다.

또한 문장의 용도에 따라 진술문, 의문문, 명령문, 감탄문의 4가지로 분류한다.

- 문장의 종류
  - 구조에 따른 분류
    - 단문
      - 주술문
        - 동사술어문
        - 형용사술어문
        - 명사술어문
        - 주술술어문
      - 비주술문
        - 무주어문
        - 단어문
        - 축약문
    - 복문
  - 용도에 따른 분류
    - 진술문
    - 의문문
    - 명령문
    - 감탄문

제1절 주술문

1. 동사술어문

동사가 술어의 중심이 되어 주어에 대해 진술하는 문장을 가리킨다.

목적어의 유무와 목적어의 개수에 따라 무목적어 동사술어문, 단목적어 동사술어문, 쌍목적어 동사술어문의 3가지로 나눌 수 있다.

大家唱。

我们劳动。

他妈妈是教师。

他有一张今天晚上的杂技票。

我送他一支笔。

他借图书馆一本小说。

2. 형용사술어문

형용사가 술어의 중심이 되어 주어의 성질이나 상태를 묘사하는 문장이다.

긍정형식의 진술문에서는 형용사가 단독으로 술어가 되는 경우가 거의 없다. 대개 앞에 부사어를 취하여 형용사구를 구성하여 술어로 쓰이는데, 습관적으로 '很'을 사용한다.

这间房子很亮。

他的发言真精彩。

那个剧场相当不错。

이렇게 쓰이는 '很'은 '정도가 높음'을 나타내지 않는다. 만약 '정도가 높음'을 나타내고자 할 때에는 '很'에 강세를 두거나, 다른 정도부사를 사용한다.

만약 '很'를 사용하지 않으면 문장은 비교 · 대비의 의미를 내포한다.

这间房子亮，那间暗。

我们系女学生多，男学生少。

3. 명사술어문

명사 · 명사구 · 수사 · 수량구 등이 술어가 되어 주어의 출신, 연령, 날짜, 시간, 절기, 직업, 가격 등을 나타내는 문장을 가리킨다.

他中国人。

昨天阴天。

他研究生。

这辆自行车一百九十块钱。

부정문에서는 명사 술어 앞에 '不'만 사용해서는 안 되고 반드시 '不是'를 사용해야 한다.

*下星期一不春节。

我不是二十。

4. 주술술어문

주술구조가 술어인 문장을 가리킨다.

他身体很好。

兔子尾巴很短。

这种上衣小王做了一件。

汉英词典我有一本。

1) 주술구조 중의 주어는 일반적으로 전체 문장의 주어의 한 부분을 나타낸다.

那个司机态度好。

他们公司这个规定不合理。

주술구조 중의 술어가 형용사구일 때는 전체 문장의 주어를 묘사하며, 동사구일 때는 일반적으로 피동을 나타낸다.

那个姑娘眼睛很大。

那个战士腿断了。

2) 주술술어문의 부정형식은 주술구조의 위어 앞에 부정부사를 사용하여 만든다.

我们单位年轻人不少。

那种袜子他没买两双。

3) 일반적으로 부사어는 주술구조의 술어 앞에 놓인다. 단, 시간을 나타내는 명사구나 방위사가 부사어인 경우에는 주술술어문의 주술구조 앞에 올 수 있다.

他工作非常认真。

*工人特别劳动积极。

他这几天心情不太好。

这个地区以前地多人少。

제2절 비주술문

1. 무주어문

주어가 없는 문장을 가리킨다.

欢迎参观。

要学好一门专业。

一定要刻苦。

1) 자연현상을 나타내는 문장

刮风了。

打雷了。

2) 상황이 변화하여 주의를 환기시키는 문장

现在下课。
该打针了。

3) 표어, 격언, 진리 따위 등

要学好一种语言，应该多听多说。
应该早睡早起。
没有调查就没有发言权。

4) 명령문

爱护花木！
不要乱扔果皮！
小心火车！
不要与司机谈话！

5) 성어, 격언, 구호 등

种瓜得瓜，种豆得豆
锻炼身体，保卫祖国！

2. 단어문

하나의 낱말이나 구만으로 이루어진 문장을 가리킨다.

怎么？
多么伟大啊！

일반적으로 공고문에서 시간이나 장소를 나타내거나, 감탄, 갑작스런 발견이나 경고, 동의나 반대 의견 따위를 나타낼 때 사용한다.

二零零三年 秋 留学生宿舍。

好球!

蛇! 注意!

好吧! 我知道了。

1) 하나의 단어나 구만으로 문장이 구성되어, 주어와 술어를 구별하기 어렵다.

2) 시간이나 장소를 나타내는 단어문은 주로 일기, 극본 등에 많이 사용된다.

二零零三年十月一日 老师的办公室。

3) 감탄을 나타내는 경우나 경고를 나타내는 경우는 항상 감탄의 어기를 가지고 있다. 따라서 서면어에서는 문장 끝에 느낌표를 사용한다.

好! 加油!

4) 명사나 명사구 또는 대사가 어기조사 '呢'와 함께 쓰여 의문문을 구성하기도 한다.

我看这本小说, 你呢?

3. 축약문

언어 환경이나 문맥상 의미가 분명하거나, 손짓 또는 표정 등의 보조 수단을 통하여 명확하게 의사를 전달할 수 있는 경우에는 주어나 술어를 생략하거나 문장 중의 일부 성분을 생략할 수 있는데, 이를 축약문이라고 한다.

A : 你去城里吗?　　B : (我)不去(城里)。
A : 你现在去哪儿?　　B : (我现在去)商店。
A : 谁去公园?　　B : 我(去公园)。

1) 하나의 낱말이나 구만으로 이루어질 수 있다.

2) 대화시 많이 사용된다.

3) 일정한 언어 환경에서만 사용할 수 있다. 즉 앞이나 뒤에 의미 관계를 유추할 수 있는 문장이 있어야 가능하다.

A : 你看电影吗?　　B : 看。
A : 你上午有课吗?　　B : 没有。
A : 谁(敲门)?　　B : 我。
A : (你)去哪儿?　　B : 邮局。

4) 의미 전달에 영향을 주지 않고 오해를 유발시키지 않는다는 전제 아래, 될 수 있는 한 문장을 간략하게 하기 위해서 축약문을 사용한다.

A : 现在几点了?　　B : 九点。(现在九点了。)
A : 老马在这儿住了一个星期, 是吗?　　B : 是(的)。

제3절 진술문

다른 사람에게 어떤 사건을 알리거나 사실이나 도리 또는 자신의 견해를 설명하는 문장이다. 진술의 어조를 가지며, 문장 끝에 마침표를 사용한다.

该他说的就让他说嘛。

这个房间真舒适。

어조는 저강조(低降调)이다. 성조와 문장의 어조는 별개이므로 성조가 어조의 영향을 받지는 않는다. 즉 문장의 어조가 저강조라고 해서 문장 끝의 2성 글자를 4성으로 읽지는 않는다.

这儿有火柴。↘

他喜欢踢足球。↘

문장 끝에는 흔히 '呢, 呗, 嘛, 罢了' 등의 어기조사를 쓰기도 한다.

这件事他会处理好的。

这本来就是他的错嘛。

他不是不会说，只是不想说罢了。

A：你怎么瘦了？ B：生活条件不好呗。

제4절 의문문

의문을 제기하며, 의문 어조를 가진 문장을 가리킨다. 서면어에서는 문장 끝에 물음표(?)를 사용한다. (1) 시비의문문, (2) 의문대사의문문, (3) 정반의문문, (4) 선택의문문, (5) '是不是'의문문, (6) 생략의문문 등이 있다.

那是美国人吗？

你汉语学了多少时间？

你有没有战胜困难的勇气？

您二位吃中餐还是西餐？

是不是他父亲不允许他这样做?

他要参加绿化城市的工作, 你呢?

1. 시비의문문

진술문의 끝에 의문 어기조사 '吗'를 사용하는 의문문으로, 대답하는 사람에게 긍정이나 부정의 대답을 요구한다. 질문사항에 대하여 자신이 없지만 실현 가능하다고 생각할 때 사용한다.

常吃这种药有坏处吗?

高原气候你能适应吗?

1) 어순은 진술문의 어순과 완전히 같다.

她是护士。→ 她是护士吗?

他们不看电影。→ 他们不看电影吗?

2) 문장의 어조는 고승조이다. 문장의 강세는 일반적으로 술어에 있으며, '吗'의 음높이는 앞 글자의 성조에 따라 다르다.

你们进城吗?↗

这是新买的手套吗?↗

3) 대부분 문장 끝에 어기 조사 '吗'를 써서 나타내나, 때로는 직접 어조(고승조)나 물음표만을 사용하여 의문을 나타낼 수도 있는데, 질문 사항에 대하여 특히 자신이 없을 때 사용한다.

他们近来都好?↗

他是个体操运动员?↗

4) 대답은 긍정형식이나 부정형식 모두 다 가능하다.

A : 他是你们学院的院长吗?　　B : 是。他是我们学院的院长。
A : 你们昨天看的那部电影好吗?　B : 挺好的。
A : 讲座开始了吗?　　B : 没开始。

질문에 대한 대답은 질문 형식의 긍·부정에 관계없이 질문 내용에 동의하면 '是的, 对, 对了', 동의하지 않으면 '不 没有'라고 한다.

他没给家里打电话吗?　对了, 他没给家里打电话。
　　　　　　　　　　没有, 他给家里打电话。

2. 의문대사의문문

화자가 어느 한 방면에 대해서 의문을 제기하고 청자에게 그것에 대해서 대답하기를 요구하는 의문문이다. 문장 중간에 반드시 의문대사가 있으며, 청자는 의문대사가 가리키는 것으로 대답한다.

A : 你去哪儿了?　　B : 去邮电局了。
A : 你跟谁一起去的?　B : 跟朋友一起去的。

1) 어순이 진술문과 같다.

我朋友熟悉这里的情况。→ 谁熟悉这里的情况?
他们贴邮票。→ 他们贴什么?

2) 의문대사는 대답을 얻고자 하는 부분에 놓는다.

我的自行车坏了。→ 谁的自行车坏了?
我的自行车坏了。→ 哪辆自行车坏了?
我的自行车坏了。→ 你的自行车怎么了?
骑自行车去的。→ 你怎么去的呢?

3) 문장의 어조는 저강조이며, 의문대사에 강세를 둔다.

你们的学制是几年? ↘

这批体育用品怎么样? ↘

4) 문장 끝에 어기조사 '吗'를 사용할 수 없다.

*你怎么去的吗?

*谁是这儿的负责人吗?

5) 어기를 완곡하게 하기 위해서 흔히 문장 끝에 어기조사 '呢'나 '啊'를 사용한다.

谁发言呢?

网球拍子在哪儿啊?

6) 대답은 질문과 같은 문형을 이용하여 한다.

A:你是哪国人?　B: 我是美国人。[59]

7) '多'의문문

정도나 수량 따위를 묻는 의문문으로, 형용사 앞에 '多'를 사용하여 만든다.

这座记念碑多高?

你弟弟多大?

(1) '多'는 단음절의 긍정적인 의미를 지닌 형용사[60] 앞에 사용한다.

---

59) "我从美国来。", "我住在美国。"라고 대답하지 않는다.

60) 큰 수치를 지향하는 형용사, 예를 들어 '大, 高, 厚, 重, 深, 长, 远, 粗' 등이며. 참고로 작은 수치를 지향하는 형용사는 '小, 低, 薄, 轻, 浅, 短, 近, 细' 등이다.

这口井多深?

*那棵大树多细?

(2) 일반적으로 고승조이다.

这件大衣多长呢? ↗

(3) 답은 일반적으로 수량구를 이용하여 정도를 설명한다.

A : 这座记念碑多高? B : 三十一米(高)。

A : 这条鱼有多重? B : 有两公斤(重)

A : 他多大了? B : 二十八(岁)了。

A : 那条铁路有多长? B : 大约有两千公里(长)。

(4) 문장 끝에 '吗'를 사용할 수 없다. 어기를 완화시키기 위해 '呢'나 '啊'는 사용할 수 있다.

那儿离我们学校有多远啊?

这本字典多厚呢?

3. 정반의문문

술어인 동사나 형용사의 긍정 형식과 부정 형식을 병렬하고, 청자에게 둘 중 한 가지를 대답할 것을 요구하는 의문문이다.

他是不是内科大夫?

你换房间不换?

1) 어순은 반드시 긍정형식이 부정형식 앞에 놓여야 한다.

他是不是牙科医生?

这儿的空气干燥不干燥?

2) 술어 앞에 조동사가 있으면, 조동사의 긍정과 부정을 병렬하며 동사의 긍정과 부정을 병렬해서는 안 된다.

你能不能来?

*你想爬不爬山?

3) 목적어가 있으면, 동목구조의 긍정형과 부정형을 병렬하여 만드나, 두 부분의 목적어 중 하나는 거의 생략한다.

你看(这本杂志)不看这本杂志?

他写信没写(信)?

목적어는 일반적으로 부정형식 뒤에 놓지만, 목적어를 동사의 긍정형식과 부정형식 사이에 놓을 수도 있다.

你有没有时间呀?

你今天参观美术展览不参观?

문장 끝에 놓이는 부정형식 중의 동사는 생략할 수도 있다.

他们队参加这次比赛不(参加)?

4) 대답은 긍정형식과 부정형식 모두 다 가능하다.

A : 你打不打羽毛球?　B : 打。/ 不打。

A : 明天上午你有时间没有?　B : 有。/ 没有。

5) 술어 동사나 형용사 앞에 정도를 나타내는 부사어를 쓸 수 없다.

*你们的工作条件非常好不好?

*你十分喜欢不喜欢古典音乐?

6) 문장 끝에 '吗'를 써서는 안 된다. 긍정형식과 부정형식을 병렬하는 것 자체로 의문을 제기하기 때문이다.

*你想不想听他的执政演说吗?

*他是不是经理吗?

단, '呢'나 '啊' 등의 어기 조사를 써서 어기를 부드럽게 할 수는 있다.

你要不要我们帮帮你呢？

他们划不划船呢?

7) 문장의 어조는 고승조이다.

4. 선택의문문

화자가 2가지 이상의 상황을 제기하고, 청자에게 그 중 한 가지를 선택해서 대답하기를 요구하는 의문문이다. '(是)……, 还是……'를 사용해서 복문의 형식으로 나타낸다.

你是去公园还是去博物馆?

你是喝热茶还是喝凉开水?

1) '还是'의 위치 : 선택 사항 앞에 놓는다. 처음에 놓이는 '还是'는 '是'만 쓸 수도 있고, 전체를 생략할 수도 있다.

是你去还是他去?

他高还是你高?

(1) 술어동사나 형용사가 선택 사항인 경우에는 술어 동사나 형용사 앞에 놓는다.

那儿远还是近?

你休息还是工作?

(2) 목적어가 선택 사항인 경우에는 동사 앞에 놓되 두 번째부터 놓이는 동사는 생략할 수 있다.

你住这儿还是(住)那儿?

你们想看芭蕾舞还是(看)话剧呢?

(3) 주어가 선택 사항인 경우에는 주어 앞에 놓는다.

张老师讲还是王老师讲?

你们买还是我们买?

(4) 부사어가 선택 사항인 경우에는 부사어 앞에 놓는다. 술어가 같아도 일반적으로 생략하지 않는다.

你们明天去还是后天去?

你在食堂吃饭还是在家吃饭?

2) '还是'는 2가지 이상의 선택 사항을 접속할 수 있다.

你去图书馆还是(去)体育馆?

你上午来还是下午来还是晚上来?

3) '还是'는 낱말이나 구를 접속한다.

你听还是看?

你们来这儿还是去那儿?

4) 상대방에게 2가지 이상의 사항 중에서 하나를 선택하여 대답할 것을 요구한다.

A : 那位新来的会计是男的还是女的?

B : 是男的。/ 是女的。

하나를 선택하지 않고 모두를 부정하거나 긍정할 수도 있다.

A : 你买这本书还是那本书?　　B : 都买。

A : 你去还是他去?　　B : 都不去。

5) 어조는 매 선택항목의 끝마다 고승조이다.

6) 부사어가 선택사항이 아닐 경우에는, 부사어를 앞에 한 번만 사용하고 뒤에 중복시키지 않는다.

*你在宿舍复习还是在宿舍预习?

→ 你在教室复习还是在宿舍复习?

*你下个月回国还是去别的国家?

→ 你下个月回国还是这个月回国?

7) '还是'가 접속하는 어구의 동사가 '是'일 때에는 '是'를 생략한다.

他是你哥哥还是你弟弟?

8) 문장 끝에 '吗'를 사용할 수 없다. 어기를 완화하기 위해 '呢'나 '啊'를 사용할 수는 있다.

*咱们是走着去吗, 还是坐车去吗?

你想学习文学呢, 还是想学习历史呢?

9) '还是'는 때로는 진술문에 사용되어 불확실한 상황을 나타내기도 한다. 의문의 형식을 사용했지만, 진술의 어기를 나타내므로 문장 끝에는 마침표를 사용한다.

我不知道他今天还是明天到达北京。

我还没考虑好买这种还是买那种。

5. '是不是'의문문

어떤 상황을 확인하거나 동의를 구하기 위해서 사용하는 의문문이다.

他是不是住三五九号?

是不是竞赛计划已经改变了?

我们是不是在这儿坐一会儿?

1) '是不是'는 일반적으로 술어 앞에 놓는다.

他是不是传达了我们对专家的慰问?

昨天的晚会是不是特别热闹?

2) 어떤 상황을 확인하고자 할 때에는 '是不是'를 문장 앞이나 문장 끝에 놓을 수 있다.

他<u>是不是</u>传达了我们对专家的慰问?

<u>是不是</u>那两个国家建交了?

昨天的晚会特别热闹, <u>是不是</u>?

3) 상대에게 동의를 구하거나 건의를 하는 경우에는 '是不是'를 문장 끝에 놓을 수 없다. 대신 일반적으로 '好不好'나 '怎么样'을 문장 끝에 사용한다.

*我们在这儿坐一会儿, 是不是?

→ 我们是不是在这儿坐一会儿?

→ 我们在这儿坐一会儿好不好?

*你可以问问他, 是不是?

→ 你是不是可以问问他?

→ 你可以问问他, 怎么样?

4) 문장의 어조는 일반적으로 고승조이다.

他是不是病了? ↗

他误会了我的意思是不是? ↗

5) 대답은 긍정형식과 부정형식 모두 다 가능하다.

A : 你找张老师是不是? B : 是。/ 不是，我找王老师。

A : 是不是下雪了? B : 是。/ 没有。

6) 문장 끝에 '吗'는 사용할 수 없고, '呢'나 '啊'는 어기를 완화시키기 위해 사용할 수 있다.

他们是不是配合得很密切呢?

你是不是有很多朋友啊?

6. 생략의문문

단어문의 끝에 조사 '呢'를 써서 사람이나 사물이 처한 장소나 상태를 묻는 의문문이다.

这位作家很年轻，那位呢?

1) 일반적으로 낱말이나 구 뒤에 '呢'를 써서 만든다.

我的照片呢?

진술문 뒤에 '呢'를 써서 만들기도 한다.

他不同意呢?

2) 일반적으로 고승조이다.

你的请示报告呢?↗

我想看话剧，你呢? ↗

3) 사람이나 사물이 소재하는 장소나 처한 상황에 대한 대답을 요구하는 의문이다.

A : 我的自行车呢?　　B : 在楼下。

A : 你参加这个会，他呢?　　B : 他也可能参加。

7. 추측의문문

화자가 대략적인 생각은 있지만 확신할 수 없어서, 자신의 추측을 근거로 의문을 제기하여 자신의 생각에 대한 진위를 확인하는 의문문이다.

1) 주로 문장 끝에 '吧'를 사용해서 의문을 제기한다.

这里是留学生宿舍吧？

车上没有座位了吧？

2) 종종 '大概' '大约' '也许' 등의 부사를 같이 사용하기도 한다.

你大概记错了吧？

他今天没来，也许病了吧？

3) 문장의 어조는 하강조이다.

你身体恢复得差不多了吧？↘

8. 반어문

형식상으로는 의문문이지만, 실제는 화자의 의도를 강조하기 위해 사용하기 때문에 대답을 요구하지 않는 의문문이다.

1) 긍정형은 부정의 뜻을 강조하고, 부정형은 긍정의 뜻을 강조한다.

这件事你经手办的，你会不知道吗？ → 一定知道。

2) 주로 어세를 강화하기 위해 쓴다. 따라서 어기가 강하기 때문에, 사용시기나 상황을 잘 고려해야 한다.

3) 반어문은 시비의문문, 특지의문문, 선택의문문, 정반의문문 등의 네 가지 형식을 다 사용할 수 있지만, 대개 시비의문문이나 특지의문문을 사용한다.

这样干的话，谁不会干？
这么晚了，他还不来，你说不急人吗？
我跟你是亲戚还是老朋友?
你想，我的困难大不大?[61]

4) 종종 부사 '难道'이나 '岂' 등을 써서 반문의 어기를 강화하기도 한다.

你难道能见死不救吗？
这样做岂不惭愧？

제5절 명령문

청자에게 무엇을 하거나 하지 않기를 요구하는 문장으로, 명령의 어기를 가지고 있다. 문장 끝에 대개 마침표(.)나 느낌표(!)를 쓴다.

---

61) 일반적으로 긍정을 강조하며, 문두에 '你看, 你说, 你想' 등이 쓰인다. 부정을 강조하는 경우도 있는데, 이 때는 문장에 늘 '还'를 사용한다.
要是让老板知道了，你还想活，不想活?

문장의 구조나 어기상의 특징에 따라 크게 명령·금지를 나타내는 명령문과 건의·재촉·청구를 나타내는 명령문의 두 종류로 나눌 수 있다

1. 명령, 금지

1) 문장의 구조가 간단하고, 어기가 단호하며, 직설적이다. 따라서 문장 끝에 어기조사를 거의 쓰지 않는다.

下来!
把他捆起来!
自己做，不许讨论!

2) 문장의 주어는 대부분 2인칭 대사인데, 흔히 생략하여 말하지 않는다.

快吃! 别说话!
禁止说话!

3) 금지를 나타낼 때에는 흔히 '不许' '不准' '不得' 등을 술어 앞에 쓰며, 문장 끝에 어기조사 '吧'를 써서는 안된다.

不准大声喧哗!
*不得随地吐痰吧!

2. 건의, 재촉, 청구

1) 어기가 완곡하고 정중해야 한다. 따라서 문장 끝에 어기조사 '吧'를 쓴다.

你跟我们一起去吧!
帮帮她吧!

2) '건의'의 어기를 나타낼 때 문장의 주어는 '咱们'나 '我们' 등을 쓴다.

咱们去医院看看他吧!

我们不要这样做.!

3) 부정식은 '不要/别/不用' 등을 술어 앞에 사용한다. 문장 끝에 '了' 등의 어기조사를 사용하면, 어기가 부드러워진다.

别大声说话!

请不要忘记。

下雨呢, 别走了, 就在这儿住下吧!

不用送了。

4) 특히 청구를 나타낼 때는 어기가 공손하고 부드러워야한다. 따라서, 문장 머리에 항상 '请', '麻烦', '劳驾' 등을 사용하고, 술어동사는 중첩식을 사용하거나 '一下'를 보어로 취하며, 문장 끝에는 어기조사 '吧'나 '啊' 등을 쓴다.

请您照顾照顾他吧!

劳驾, 让一下!

5) 정중하게 요청함을 나타내려면, 문장 끝에 '好吗?' 등을 사용한다. 이런 의문형은 질문의 의도가 없다. 단지 상대방을 존중하여 상대방에게 의견을 제시하고 동의를 구하는 겸허한 표현이다.

你顺便帮我发一封信, 好吗？

我们走走, 好吗？

6) 일반적으로 주어를 사용하지 않는다.

(你们)快修改吧!

请(你)在这儿等候!

7) 술어는 대부분 동사이다.

慢慢吃!

好好休养!

8) 문장의 어조는 저강조이다.

제6절 감탄문

과장, 칭찬, 감개, 의외, 놀람, 분노 등 여러 가지 감정을 나타내는 문장이다. 대부분 문장 끝에 어기 조사가 있으며, 느낌표(!)를 사용한다.

1. 감탄문의 부사

1) 흔히 '정도가 높음'을 나타내는 '多么', '真', '太' 등의 부사를 부사어로 사용한다.

这座山真高!

这个消息多么鼓舞人!

联欢会的内容太豊富了!

2) '정도가 높음'을 나타내는 부사를 보어로 사용하기도 한다.

外边凉快极了!

我困死了!

今晚的月亮圆得很!

2. 감탄문의 어기조사

대개 '多么…啊', '真…啊', '太…了'처럼 부사와 어기조사가 짝을 이루어 감탄을 나타낸다.

这里的风景多美呀!

这二十年来过得可真不容易呀!

太不讲理了!

3. 어구 감탄문

한 낱말이나 구만으로도 감탄문을 구성할 수 있다. 단 반드시 감탄어조가 있어야 한다. 两条小金鱼!

4. 문장의 어조

문장의 이조는 저깅조이다.

坏了! 坏了! 我怎么把那么重要的事情给忘了。

小心! 危险!

제6장 동태

동작은 발생해서 끝나기까지 여러 단계가 있는데, 어느 한 시점에서 보았을 때, 동작이 그 중 어느 단계에 처했는가를 나타내는 것이 동태이다. 동태에는 '진행태, 지속태, 완료태, 장연태, 경험태' 등이 있으며, 동태조사, 부사, 조동사, 어기조사 등으로 나타낸다. 동태는 시제와 관련은 있지만, 시제를 나타내는 것은 아니다. 예를 들어, '他来了。'는 동작 '来'가 발생했음만을 나타낼 뿐, 시제는 알 수 없다. '昨天, 他来了。'라고 해야만, 과거에 동작 '来'가 발생했음을 알 수 있다.

1. 완료태

동작이 발생하여 완료된 단계로, 조사 '了'[62]를 동사 바로 뒤에 사용하여 나타낸다.

他进了北京语言学院。
他答应了这个要求。

1) '了'는 동사 바로 뒤에 사용한다.

他出去叫了一辆车来。

단, 동사 뒤에 결과보어나 '上'류 방향보어가 있으면 그 뒤에 '了'를

62) '了'는 '了^{1}'과 '了^{2}'로 나뉜다. '了^{1}'은 동태조사로 동사의 뒤에서 동작의 완료를 나타내고, '了^{2}'는 어기조사로 문미에서 사태의 변화와 확정의 어기를 나타낸다.

他不再是我的朋友了。　　下雨了, 回屋里去吧。
苹果已经红了, 可以吃了。　　小红今年十六岁了。
水不热了, 可以吃了。　　身体有点儿不舒服, 不想去看电影了。

사용한다.

上午我就把那封信发走了。
他讲完了两个问题。
他放下了小说，又打开了录音机。

2) '了'는 동작의 완료를 나타내기 때문에, 일반적으로 과거 시제를 나타내는 어구와 같이 사용된다.

他们刚参观了一个美术馆。
昨天上午他们参观了一个美术馆。

3) 두 동작이 연이어 발생하는 경우에는 선행 동작이 완료된 다음에 후속 동작이 발생하므로, 선행동작을 나타내는 동사의 뒤에는 시제에 관계없이 그 뒤에 '了'를 사용해야 한다.

明天上午他们参观了一个美术馆就去教育部。
明天下了课，我去找你。

4) 부정 형식은 동사 앞에 '没(有)'를 사용하여 만든다. 동사 뒤의 '了'는 반드시 생략한다.

上个月，我没去北京。
领导没批准这个设计。

5) '了'와 목적어

(1) '了'를 동반한 동사의 목적어는 대개 수량구 등 관형어의 수식을 받는다. 완료태 구문의 목적어는 화자와 청자 쌍방이 모두 알고 있는 것이어야 하므로, 한정성 명사구만 목적어가 될 수 있다.
他拿了三支粉笔。

我们了解了不少情况。

(2) 목적어가 관형어 없이 한 낱말일 때에는 다음 조건을 충족시켜야 한다.

① 문장 끝에 어기조사 '了'를 같이 사용한다. 일반적으로 동태조사 '了'는 흔히 생략한다.

我洗(了)脸了。

我看(了)报了。

② 동사나 주어 앞에 부사어를 사용하여, 동작이나 동작의 대상을 한정한다.

我已经告诉了他。

我已经跟小王说了内容。

③ 뒤에 다른 동사나 절이 따라 나온다. 즉 선행 동작이 완료된 후 후속 동작이 진행됨을 나타낸다.

他买了东西再来。

他换了衣服就去办公室了。

6) 정반의문문은 문장 끝에 '没有'를 사용하여 만든다. 묻는 말이나 긍정의 답에는 반드시 '了'를 사용해야 하나, 부정의 답에는 '了'를 사용하지 않는다.

A : 你们研究了没有?　　B : 研究了。/ 没有。没研究。

A : 你订〈旅游〉杂志了没有?　　B : 订了。/ 没有。没订。

7) '了'를 반드시 사용해야 하는 경우

(1) 어떤 시점에 동작이 발생했고, 문장 안에 동작이 발생한 구체적인 시간이 제시될 때

那天，我们既参观了工厂、学校，又参观了幼儿园。

昨天我买了一双鞋。

(2) 한 동작이 완료된 후, 새로운 동작이나 상황이 출현할 때

他先检查了一下设备情况，然后沉着地操作起来。

看了她的信，我伤心得流下泪来。

(3) 어떤 조건, 방식, 원인 하에서 결과를 얻어낼 때

在他的指挥下，交通危机很快排除了。

经过研究，我们同意了你的方案。

8) '了'를 생략하는 경우

(1) 연속 동작으로, 특히 중간에 어음 휴지가 없는 경우에는 동작의 연속성과 긴밀성을 표현하기 위하여 '了'를 사용하지 않는다.

他披上衣服拉开门，轻松地走了出去。

뒤에 인용문이 따를 때도 '了'를 사용하지 않는다. 단, 동사 뒤에 동량보어가 따르면 반드시 '了'를 사용한다.

老李赶忙迎上去，握住他的手说："谢谢你，谢谢你!"

喊了一声："～。"

(2) 동사 뒤에 결과보어, 방향보어 등이 있고 이를 강조하는 경우

看着这张照片，我的思绪又回到二十年前的今天。

她擦干眼泪，重新整理起他的遗物来。

(3) 화자가 문장 내의 부사어를 강조하는 경우

上次他照顾我，这次我照顾他，我们俩互相照顾。

9) '了'를 쓸 수 없는 경우

(1) 일상적인 활동을 나타내는 경우

他身体不好，常常生病。

这个星期，她每天都去商店买东西。

*去年冬天我一直坚持了去游泳。

*每到节日他们都举行了晚会了。

⑵ 주술어문에서 주술구조의 주어가 동사일 때

*大家工作了特别认真。

*我们收获了不少。

⑶ 목적관계를 나타내는 연동문의 제1동사 뒤

*他去了书店买词典,但没买到。

*昨天他去了广州出差。

10) 동사 뒤에 수량사가 쓰인 문장에서, 동사 뒤에 '了'를 사용하고 또 문장 끝에 '了'를 사용하면, 발화시 현재 일정한 수량까지 동작이 지속됨을 설명한다.

동사 + 了[1] + 수량사 (+명사) + 了[2]

你在这儿住了多长时间了?

他买了十几套邮票了。

为了买到这本书，他已经去了三次书店了。

2. 진행태

동작이 이미 발생하여 진행 중인 단계에 있음을 나타낸다. 주로 부사 '正', '在', '正在'나 어기조사 '呢'로 나타낸다. 부사와 어기조사가 동시에 출현할 수도 있다.

他在写信，我在读小说。

1) '正'·'在'·'正在'의 차이점

⑴ 의미상, '正'은 동작이 진행되는 시간에 중점을 두고, '在'는 동작

이 진행되는 상태에 중점을 두며, '正在'는 동작이 진행되는 시간과 상태에 모두 중점을 둔다.

(2) 구조상, '正' 뒤에는 일반적으로 동사 특히 단음절 단독으로 올 수 없다. 주로 '着'나 '呢'와 같이 사용하거나, 동사 뒤에 방향보어를 사용해야 한다. '在'와 '正在'는 이런 제한을 받지 않는다.

*正看　　　　　　*正吃
 正看呢　　　　　 正吃着

*她正向我走。→ 她正向我走来。

*我回头看时，那个孩子正朝他妈妈扑。

整个晚上她都在跳。

这个计划我们正在研究。

'在'는 일정 시간 동안 동작이 반복되거나 상태가 지속되는 것을 나타내기 때문에, '又'·'一直'·'总'·'经常'·'时常' 등의 부사나 기간을 나타내는 시간표현과 같이 쓰일 수 있으나, '正'과 '正在'는 불가능하나.

*整整一个下午，她都正在看电视。

*三天来他一直正等你，快去见见他吧。

你是不是又在考虑那件事?

我们经常在考虑这个问题。

2) 동작의 진행은 과거, 현재, 미래 어느 때라도 일어날 수 있다.

昨天下午三点他正在做实验。

上星期五我找他的时候，他正在做实验。

下星期五你找他的时候，他可能正在做实验。

(1) 시제를 나타내는 특별한 어구가 없으면, 일반적으로 발화 당시 현재에 동작이 진행되고 있음을 나타낸다.

我们正一块儿座谈呢。

我在贴邮票。

(2) 구체적인 시간을 나타내는 어구가 있으면 동작이 과거나 현재 또는 미래 어느 시기에 동작이 진행되고 있음을 나타낸다. 이런 시제는 일반적으로 시간명사 · 수량구 · 방위구 등으로 나타낸다.

今天上午九点我正在上课。
昨天我们去他家的时候，他正在弹钢琴。
明天你到这儿的时候，他会在等你。

3) 부정형식은 동사 앞에 부정부사 '没(有)'를 써서 만든다.

他没看书，他在写信呢。
昨天我写信的时候，他没听收音机。

부정문에서는 부사 '正', '正在'와 어기조사 '呢'는 쓸 수 없고, 부사 '在'만 쓸 수 있다. 특히 동작이 진행 중에 있지 않다는 것을 적극적으로 설명하려면, '在'를 '没有'와 같이 쓴다.

我们没在讨论，你进来吧。
他没在看电视。他可能去朋友那儿了。

질문에 부정의 답을 할 때에는 흔히 '在'를 사용하지 않는다.

A：他在看电视吗?　　B：没有。他没看电视，他出去了。

4) 동사 뒤에 지속을 표시하는 조사 '着'와 같이 쓰일 수도 있다.

她正在听着音乐。
(那个玩具)小明正玩着呢。

5) 진행 중인 동작에는 '了'를 사용할 수 없다.

*大家正在阅览室里读报了。

*他们正在商量了怎样完成这个计划。

6) 동보구와 같이 사용할 수 없다.

*他正在写完呢。

3. 지속태

동작이나 동작의 결과가 지속되고 있는 단계를 가리킨다. 동사 뒤에 조사 '着'를 붙여 나타낸다.

他眼睛闭着。
窗户开着，门关着。

사건의 전개 과정 중 동작의 점진적인 진행을 나타내는 동태상의 지속과 동작이 완료된 후 그 결과의 지속을 나타내는 정태상의 지속, 두 종류로 나눌 수 있다.

姐妹俩在船上愉快地唱着歌。(동태)
他们分析着、研究着，一直到晚上十点多。(동태)
椅子上坐着一位看报的老爷爷。(정태)
你看，教室里的灯还亮着。(정태)

'진행'과 '지속'은 다른 개념이다. '正在'는 동작의 진행을 나타내고, '着'는 동작 발생 후에 지속되는 상태를 나타낸다. 따라서 '着'는 주로 묘사에 사용된다.

A：小李，你在干什么？ B：我在写信。
他穿着一件红毛衣。

1) '着'는 동사 바로 뒤에 쓴다. 동사와 '着'는 관계가 밀접하여 중간에 어떤 성분도 들어갈 수 없다.

*他们跳舞着呢。

他们鼓着掌呢。

2) 동작의 지속은 과거, 현재, 미래 어느 시제에도 있을 수 있으며, 시제는 시간 명사, 수량구, 방위사구 등으로 나타낸다.

他注意地听着教授的话。

昨天上课的时候，他注意地听着教授的话。

明天上课的时候，他一定注意地听着教授的话。

3) 지속태의 부정은 동사 앞에 부사 '没(有)'를 써서 나타낸다.

上边的窗户没开着。

花瓶里没插着鲜花。

동사 뒤의 동태조사 '着'는 생략해서는 안 된다. 생략하면 동작의 지속을 부정하는 것이 아니라 동작의 발생을 부정하는 표현이 된다.

A : 墙上没挂着世界地图吗?　B : *没挂世界地图。

특정 수량을 부정하는 경우가 아니면, 부정문에서는 수량구를 사용하지 않는다.

A : 桌子上摆着两只花瓶吗?　B : 没有，只摆着一只花瓶。

我没带着十块钱，只带着六块钱。

4) 정반의문문은 문장 끝에 '没有'를 써서 만든다.

A : 他躺着没有?　B : 躺着呢。

A : 你带着汉语词典没有?　B : 没有，没带着。

일반적인 자연현상을 묻는 질문에 부정으로 답하는 경우에는 '着'를 잘 사용하지 않는다.

A：外边下着雨没有？　　　　B：下着雨。

B：没有，没下(着)雨。

질문에 부사어가 있으면, '对'나 '是'로 우선 대답하고 다시 주술문으로 답한다.

A：书架上整整齐齐地摆着许多书吗？

B：对，书架上整整齐齐地摆着许多书。

A：你屋前屋后都种着花吗？　B：是，我屋前屋后都种着花。

5) 동작의 결과로 야기된 상태의 지속을 나타내는 '着'는 동작의 진행을 나타내는 '在'·'正在' 등과 같이 쓰일 수 없다.

校园里种着很多果树。

*窗台上正在摆着两盆花。

6) 화자는 동작의 지속에만 관심을 두기 때문에, 동작이 지속된 시간이나 동작의 회수 또는 동작의 결과를 나타내는 보어와 같이 쓰일 수 없다.

*金小姐一直爱着他好几年。

*他看着我一下。

*她一边打开着书本，一边拿起着笔。

7) 연동문의 제1동사 뒤에 쓰여, 동작의 방식을 나타낸다.

我坐着看书。

他笑着说："欢迎，欢迎！"

他低在头走路。

8) 존현문에서 쓰여 어떤 장소나 시간대에 어떤 사물이나 사람이 존재함을 나타낸다.

床上铺着一条漂亮的床单。
台上坐着各单位的代表。

4. 장연태

가까운 미래에 동작이 곧 발생하려는 상태를 가리킨다. 일반적으로 부사 '要'와 어기조사 '了'를 사용하여 나타낸다.

我们要毕业了。
西瓜快要熟了。
火车就要进站了。

1) 발생하려는 동작을 나타내는 어구를 '要'와 '了' 사이에 놓는다.

运动员要入场了。
天就要黑了，抓紧时间干吧。
快考试了，大家紧张地复习着。

동작이 발생할 시간이 촉박했음을 강조하고자 할 때에는 '要' 앞에 '就, 快, 马上, 眼看, 将' 따위의 부사를 사용한다. '快'를 사용할 때는 '要'를 생략할 수 있다.

夜幕将要降临了。
火车马上要开了。
眼看要到时间了。
衣服快干了。

2) 快……了'나 '快(要)……了'를 사용할 때에는 그 앞이나 주어 앞에 구체적인 시간을 나타내는 어구를 사용할 수 있다. 구체적인 시간을 나

타내는 시간사가 있으면 '就要……了'을 사용한다.

*明年我们快毕业了。

我们一月十五号就要考试了。

3) '将要……了'는 주로 서면어에서 사용한다.

我们将要分别了。

他将要出席本届联合国大会了。

4) '即将'은 서면어에서 많이 쓰이며, 문장 끝에는 '了'를 사용하지 않는다.

人民代表大会即将在北京举行。

5) 부정형식은 흔히 '还没……(呢)'구조를 사용한다. '就要'·'快要' 등은 사용할 수 없다.

A : 要毕业了吧?　　B : 还没毕业呢。

他还没离开学校呢。

6) 과거 장연태 : 과거에 동작이 발생하려 했던 것을 나타낼 때에는, 과거를 나타내는 시간사와 '要'를 사용하며, 문장 끝에는 어기조사 '了'를 사용하지 않는다.

昨天飞机要起飞的时候，忽然下雨了。

昨天客人要到的时候，我父亲刚从外边回来。

去年他要访华的时候，我正在北京。

5. 경험태

과거에 어떤 경험을 가지고 있는 상태를 나타낸다. 따라서 경험태 사건은 반드시 과거에 발생한 사건이며, 조사 '过'를 사용하여 나타낸다.63)

昨天，我找过你两次。

他吃过这种药。

1) '过'는 동사 뒤에 위치하지만, 동사 뒤에 결과보어가 있으면 결과보어 뒤에 위치하며, 연동문이나 겸어문에서는 제2동사 뒤에 위치한다.

我看过这个电影。

他看见过我哥哥。

*我们去过首都剧场看话剧。

2) 흔히 부사 '曾经'과 같이 쓰인다.

我曾经学过法文。

这种梦，我也曾经做过。

3) 부정형식 : 동사 앞에 '没(有)'를 사용하여 부정하며, 동태조사 '过'는 절대 생략해서는 안 된다. '过'를 생략하면 의미가 달라진다.

我有二十年没回过故乡。

他没有灰过心。

他们没给我们讲过课。

만약 '曾'을 사용하였다면 '未曾'·'不曾'의 형식으로 부정한다.

这是历史上未曾有过的奇迹。

---

63) '过'는 완성을 나타내기도 하는데, 이러한 '过'는 '了', '已经'과 연용할 수 있다.
吃过饭，他忙着去上班。　　他洗过了脸，走进餐厅。

4) 정반의문문은 경험태의 긍정형과 부정형을 병렬시켜 만든다. 긍정형의 '过'는 생략할 수 있으며, 문미에. 긍정의 진술문 문미에 '没有'만 써서도 만들 수 있다.

你们去过没去过桂林?

你爬没爬过这座山?

你洗过海水没有?

5) 시간부사어는 반드시 특정시간을 나타내는 것이어야 한다. 경상적인 동작이나 반복적인 행위에는 '过'를 사용할 수 없다.

昨天我们在海边散过步。

去年他们游览过长城。

*有一天他们游览过长城。

*我们常常散过步。

6) 부정문에서는 형용사 뒤에도 '过'를 사용하여 경험태를 만들 수 있다.[64]

这屋子从来也没这么干净过。

她的病好过一段时间，后来又加重了。

---

64) "没有这么干净过"와 "没有干净过"의미는 상반된다.

제7장 특수구문

제1절 연동문

두 개 혹은 두 개 이상의 동사가 술어를 구성하여 공동의 한 주어를 서술하거나 묘사하는 문장을 일컫는다.

他去邮局发信。
你有权利发表意见。
叔叔抚摸着我的头说："多聪明的小东西呀!"

1. 연동문의 유형

동사 간의 의미상 관계에 따라 다음 몇 가지 유형으로 나눌 수 있다.

1) 동작의 발생 순서를 나타낸다.

他穿上衣服拉开门跑了出去。
他听了这个消息很激动。

2) 목적 : 제2동사가 제1동사의 목적을 나타낸다.

同学们进城看杂技了。
我们找他谈重要的事情。
我们自己做饭吃。
他要你的设计图看看。

3) 방식 : 제1동사가 제2동사의 수단이나 방식을 나타낸다.

他每天骑自行车上班。

他们坐飞机去广州。

我们用汉语谈话。

4) 긍정형식과 부정형식의 이중적인 표현으로 한 상황을 나타낸다.

大家都站着不动。

他们抓着门不放。

他板起脸不哭。

5) 제1동사가 '有'인 경우, 제2동사는 제1동사 '有'의 목적어에 대한 용도나 조건을 나타낸다.

我有理由这样做。

他们都有报纸看。

我们有新项目要研究。

我有几个问题问老师。

2. 부사어와 조동사의 위치

일반적으로 부사어나 조동사는 제1동사 앞에 놓으며, 제2동사 앞에 두어서는 안 된다.

你快去告诉他。

我们也坐船去旅行。

他想乘车去。

他们现在有机会学习技術。

따라서, 부정형식은 제1동사 앞에 부정부사 '不'나 '没有'를 사용하여 만들며, 술어 전체를 부정한다.

我不出去买东西。

他没有时间去公园。

我没有本子用了。

*他坐汽车不进城。

단, 시간명사 부사어는 문장 앞에 둘 수도 있다.

下午你到办公室找我一下。

3. 동태조사의 위치

동태조사는 제2동사 뒤에 사용한다.

他们都去礼堂听了一个报告。

三年以前他来中国访问过。

4. 제1동사와 제2동사의 순서

제1동사와 제2동사의 순서를 바꿀 수 없다. 순서를 바꾸면 의미가 변하거나 비문이 된다.

a. 我去宿舍叫他。

b. 我叫他去宿舍。

a는 '그를 부르러 기숙사로 간다'는 의미의 연동문이고, b는 '그를 기숙사에 가게 한다'는 의미의 겸어문이다.

a. 他骑自行车去朋友家。

b.*他去朋友家骑自行车。

수단을 나타내는 연동문 a의 제1동사구 '骑自行车'와 제2동사구 '去朋友家'의 순서를 바꾼 b는 성립하지 않는다.

5. 동사의 중첩

제2동사는 중첩할 수 있으나, 제1동사는 중첩할 수 없다.

我上街买买东西。
*我上上街买东西。

제2절 겸어문

하나의 동목구조와 하나의 주술구조가 결합하여 구성된 문장을 가리킨다. 동목구조의 목적어가 주술구조의 주어를 겸하기 때문에, 이를 겸어라고 하며, 이런 겸어가 있는 문장을 겸어문이라고 한다. 예를 들어 "他请我去。"에서 '我'는 제1동사 '请'의 목적어이며, 제2동사 '去'의 주어이기 때문에, 이 문장에서 '我'는 겸어이다. 따라서 이 문장은 겸어문이다.

他的话使我十分生气。
老师叫我们念课文。
我有一个哥哥很勇敢。
是校长请您。

1. 겸어문의 유형

겸어문은 제1동사에 따라 다음의 몇 가지 유형으로 나눌 수 있다.

1) 제1동사가 사역동사이면, 뒤에 나오는 제2동사는 사역동사가 달성하려는 목적 또는 발생시키려는 결과를 나타낸다. '使'는 구체적인 동작을 나타내는 동사를 제2동사로 취할 수 없다.

使 让 叫 派 请 令 逼
命令 强迫 吩咐 打发 促使 要求 发动[65]

大家让你准备得好一点儿。

我求你去办一件事，可以吗？

祝你身体健康。

他经常帮那位老大爷做事。

我们派他去管理那个水库。

2) 제1동사가 부름, 인정 의미의 동사이면, 제2동사는 대개 '当'·'做'·'为' 등이다.

叫　　认　　拜　　选　　推选

同学们一致选我当代表。

我认你做老师吧。

3) 제1동사가 심리동사이면, 제2동사는 대개 원인이나 이유를 나타낸다.

人人夸他是个好青年。

大家都嫌他态度不够好。

4) '有'

他有个中国朋友叫田辉。

我们班有三个男同学参加比赛。

这个城市有一个公园安静极了。

5) '是'

是外语係组织这次活动。

是他救了我的命。

---

65) 发动全校师生参加植树活动。

2. 어법상의 특징

1) 제1동사 뒤에는 일반적으로 동태조사 '了', '着', 过'를 사용할 수 없다. 단, '使, 让, 叫, 请' 외의 동사는 전후에 원인이나 결과를 설명하는 어구가 있을 때 '了'를 사용할 수 있다.

*厂长让了工人们谈各自的想法。

他知道我一个人很难按时完成实验，就派了一位同志协助我。

2) 조동사는 일반적으로 제1동사의 앞에 놓는다.

这件事会叫他感到十分为难。

胜利能使人走向成功，也能使人走向失败。

3) 제1동사와 제2동사 모두 부사어를 취할 수 있다. 단, 부사어의 위치에 따라 의미는 다르다.

他明天请我们去他家。

他请我们明天去他家。

他昨天请我们吃饭。

我留他多住几天。

4) 제2동사의 위치에 형용사가 올 수도 있다.

这件事使我很难过。

他们有一个小女孩很活泼。

5) 제1동사가 '请', '有', '是'인 경우에는 대체로 주어가 없는데, 이러한 겸어문을 무주어겸어문이라고 한다.

请你不要大声说话。

上星期六是我给你打电话。

外边有人找你。

6) 제1동사가 '有'나 '是'인 경우에는 시간이나 장소를 나타내는 부사어가 문장 앞에 오는 경우가 많다.

明天有一个朋友来我家。

刚才是他在弹钢琴。

7) '有'의 목적어는 대개 블특정한 사람이나 사물을 가리키기 때문에, 일반적으로 수량 관형어를 동반한다.

刚才有一位同志来看你。

我有好几本新书很有意思。

8) 제1동사가 '请'이나 '禁止'인 경우에는 일반적으로 겸어를 생략한다.

请喝茶!

禁止停车!

9) 겸어문의 부정형식에서 부정부사는 제1동사 앞에 놓아야 한다.

这次我们没选他当组长。

我没让他麻烦您。

我没有朋友住在那个旅馆。

这个月我不请他作客。

上午没有人找我。

不是我要租这套房子。

겸어문을 부정할 때 부정부사를 제2동사 앞에 놓아서는 안 된다.

*他们让我没出院。

*队长叫我不去他那儿。

제지를 나타낼 경우에는 제2동사 앞에 '别'이나 '不要'를 사용한다.

他们让我别出院。
队长叫我不要去他那儿。

제2동사 앞에 부정부사가 쓰이는 경우도 있으나, 문장 전체는 긍정문으로 보아야 한다.

我有一个本子没用过。
这儿有一间空房子不大。

10) '让'겸어문에서 겸어가 '我'나 '我们'인 경우는 겸손한 청유나 바람을 나타낸다.

让我过去吧。
让我们永远在一起!

제3절 존현문

어떤 장소나 시간에 어떤 사람이나 사물이 존재하거나 출현 혹은 소실했음을 나타내는 문장이다.

客厅里坐着两位客人。
前天我们那里搬进了几家人家。
他们班走了两个学生。

1. 어법상의 특징

1) 존현문에는 주어가 없다.

桌子上放着不少红柿。

医院里抬来了一个摔伤的病人。

2) 문두에는 일반적으로 처소사나 시간사가 오며, 존현물은 동사 뒤에 위치한다.

门口站着几个人。

我们单位来了一位专家。

早上走了三位旅客。

*很多好看的盘子摆着桌子上。

3) '有'자문 외에는 처소사나 시간사 앞에 '在'나 '从' 등의 전치사를 쓰지 않는다.

车上装着许多机床。

从前边来了一个人。

*在老李家昨天死了一个人。

*早上六点就走了一批旅游者。

2. 존현문의 술어

술어는 일반적으로 '존재', '출현', '소실'을 나타내는 동사가 쓰인다.

1) 존재를 나타내는 존현문에는 주로 사람의 자세나 사물의 배치와 관련 있는 동사가 쓰이며, 존재를 나타내기 때문에 술어에는 일반적으로 지속의미를 나타내는 '着'가 쓰인다. 경우에 따라 동사 뒤에 '过'나 '了'가 붙기도 한다.

眼里闪动着激动的泪花。

河边上围了两三千人。

我们家种过这种豆子。

2) 출현을 나타내는 존현문에는 주로 물체의 이동이나 출몰과 관련 있는 동사가 쓰이며, 술어동사 뒤에는 방향보어 '来'나 '…来'가 쓰이거나, 동태조사 '了'나 '过'가 쓰인다.

来　出　起　出现

脸上起了一个小包。

海面上昇起了一轮红日。

城里出了一件新闻。

西边开过来一列火车。

上个月考进来一名打字员。

他的手上出过一些红点儿。

3) 소실을 나타내는 존현문에는 주로 물체의 이동이나 출몰과 관련 있는 동사가 쓰이며, 술어동사 뒤에는 일반적으로 방향보어 '去'나 '…去', 결과보어 '走'가 쓰이거나, 동태조사 '了'나 '过'가 쓰인다.

死　消失　丢　掉　走　开　跑　搬

他家跑了一只鸡。

他们房间丢过东西。

刚才开过去一辆汽车。

我们班转走一个同学。

3. 존현문의 목적어

존현문에서 존재하거나 출현 또는 소실하는 사람이나 사물을 존현목적어라고 한다. 이들은 동사 뒤에 위치하며, 일반적으로 불특정한 것이기 때문에, 대부분 수량 관형어나 묘사성 관형어가 쓰인다.

广场上停着不少小汽车。

天空出现了一朵朵白云。

隔壁搬走了两户人家。

한정칭은 존재문에서는 목적어가 될 수 있으나, 은현문(隱現文)에서는 목적어가 될 수 없다.

床上躺着他的父亲。

墙上挂着那张画儿。

*屋顶飞过去那架飞机。

*楼上走下来老王。

자동사의 행동주는 존현문에서만 동사 뒤에 출현할 수 있다.

*站着一个人。

门口站着一个人。

*飘扬着一面红旗。

广场上飘扬着一面红旗。

단, 목적어가 고유명사이거나 대비를 나타내는 문장에서는 수량관형어가 없이 직접 쓰일 수 있다.

陕西出了李自成。

山上长着树，山下长着庄稼。

4. 존현문의 부정형식

부정형식은 술어동사 앞에 부정부사 '没有'를 써서 만들며, 존현목적어 앞에는 수량사나 지시사를 사용하지 않는다.

公园门口没停着车。

后边没开来车。

제4절 ‘把’字文

‘把’전치사구가 부사어로 쓰인 문장으로, 이러한 문장은 동작의 대상을 어떻게 처리했음을 나타낸다.

주어 + [把 + 동작의 대상] + 动 + 부대성분

这个人怎么处理? ⇒ 先把他送交公安机关。

这件衣服怎么办? ⇒ 把它洗干净再说。

1. ‘把’자문의 기능

동작이 대상에 강한 영향을 주어 대상에 어떤 결과, 즉 상태나 위치상의 변화가 생기게 했음을 강조한다.

我看完了那本小说。→ 我把那本小说看完了。

앞의 문장은 일반적인 동사술어문이고, 뒤의 문장은 피동체에 대한 처치를 강조하는 문장이다.

我把设计图带来了。

弟弟把伞弄坏了。

2. ‘把’자문의 주어

반드시 주동자로 동사가 나타내는 동작을 하는 주체이어야 한다.

他把那个剧本看完了。

他把那篇散文拿走了。

司机把老大娘送到火车站了。

3. ‘把’의 목적어

의미상 동사가 나타내는 동작을 받는 대상이다.

我们把那只公鸡吃了。
他把收音机关上了。
我们把东西放在他那儿。
大家把会场布置得漂亮极了。

한정칭이거나 총칭이어야 한다. 즉 화자와 청자 쌍방이 모두 알고 있는 특정한 것이어야 한다. 따라서 일반적으로 지시대사 따위의 관형어가 따른다.

他把盘子里的那条鱼吃了。
他把蚊子打死了。

'一'수량사는 부정칭을 나타내므로 이들의 수식을 받는 어구는 '把'의 목적어가 될 수 없다.

*他把一本词典递给我。
→ 他把那本词典递给我。/ 他递给我一本词典。
你以后可要把信写清楚。
他的口才不错,能把意思充分地表达出来。

위의 '意思', '信'은 모든 '意思', '信'을 가리킨다. 모든 것을 지칭하는 총칭도 '把'의 목적어가 될 수 있다.

他把每封信都写上了这句话。
他把所有的信都写上了这句话。
*他把任何信都写上了这句话。

4. '把'자문의 술어동사

술어동사는 반드시 동작의 대상에 영향을 줄 수 있는 타동사이어야 한다.

他把头发剪短了。
他把地里教材借去了。
我们把奖学金领来了。

단, 자동사라도 뒤에 결과보어를 취하여 동보구조를 이루면 동작의 대상과 처치관계를 일으킬 수 있어 '把'자문에 쓰일 수 있다.

他把眼睛都睡肿了。
他把眼睛都哭瞎了。

대상에 어떤 변화가 생기게 할 수 없는 비동작성 동사는 '把'자문에 사용될 수 없다.

감각, 인지 - 看见, 听见, 闻见, 觉得, 以为, 认为, 知道, 懂 등
존재, 동등 - 有, 在, 是; 不如, 等于, 像 등
심 리 - 同意, 讨厌, 生气, 关心, 怕, 愿意 등[66]
신체 상태 - 站, 坐, 躺, 蹲, 趴, 跪 등
방 향 - 来, 去, 上, 下, 起来, 过去 등

*他把花香闻到了。
*大家把这个计划同意了。
*我把他认识了。
*他把沙发坐了一会儿。
*我把西安去了一次。

결과를 나타내는 조어성분을 지닌 쌍음절동사는 홀로 쓰일 수 있다.

他们已经把这个问题解决了。
我们一定把这个任务完成。

5. '把'자문의 부대성분

동사가 단독으로 '把'자문의 술어로 사용될 수 없으며, 뒤에 반드시 동작의 결과를 설명하는 부대성분이 있어야 한다.

66) "我把他恨透了。"는 예외적으로 성립한다.
'得'를 사용하지 않는 정도보어 중 '坏了', '死了' 이외에는 뒤에 직접 목적어를 취할 수 없다.
乐坏我了。 笑死我了。

*我把今天该办的事都办了。 → 我把今天该办的事都办完了。

*他把衣服放了。 → 他把衣服放到衣柜里了。

*你把这杯牛奶喝吧。 → 你把这杯牛奶喝了吧。

이런 성분으로는 동사중첩식, 동태조사 '了', '着', '過'[67], 보어, 목적어 등이 있다.

咱们把屋子打扫打扫。

他把瓶里的橘子水喝了。

你把那个包提着。

我把他打过。

他把那张纸踩脏了。

他把客人送出去了。

他们把树根埋得很深。

我们把衣服收拾一下吧。

你把这件事告诉他吧。

가능보어는 '把'자문에 쓰일 수 없다.

*我把作业做得完。 → 我能把作业做完。

부대성분으로 '了'를 취할 수 있는 동사는 대개 '분리, 이탈'의 의미를 가진 동사들이다. 이런 동사로는 '脱, 拆, 倒, 扔, 寄, 发' 등이 있다.

他把毛衣脱了。

*他把毛衣穿了。

6. 절대적 '把'자문

동사 뒤에 '在', '到', '给'전치사구나 '成', '为', '作' 등을 보어로 써야

---

67) 경험을 나타내는 동태조사 '过'는 '把'자문에 거의 쓰이지 않는다.
*他把这种点心吃过。
단, 결과보어와 같이 쓰이는 경우에는 쓰일 수 있다.
把自己的名字都写错过。

하는 경우나, 처소목적어를 동반하는 방향보어를 써야하는 경우에는 반드시 '把'자문으로 표현해야 한다.

*他存在银行里省下来的钱。 → 他把省下来的钱存在银行里。
*他开到大门口汽车了。 → 他把汽车开到大门口了。
他把火车票交给了我。
我们把座位摆成圆形了。
我把他看作我的好朋友。
老师把新同学带进教室来了。
我们把这几件东西搬上楼去吧。

동작의 대상을 한정하는 부사 '都'나 '全'을 써야 하는 경우나 형식동사 '加以', 접미사 '化'를 구성요소로 지닌 동사를 써야 하는 경우도 반드시 '把'자문으로 표현해야 한다.

我一定要把几年来存下的钱都取出来。
你们把会上的意见加以归纳。
文艺把其中的矛盾典型化。

7. 부사어

부사어는 일반적으로 전치사 '把' 앞에 놓인다.

你快把雨衣穿上。
他下星期四把研究计划送来。

8. 부정형식

전치사 '把' 앞에 부정부사 '没有'를 써서 만든다.

大会主席没把话讲完。
那个作家还没把他的新小说写好。

단, 가정이나 의지를 나타내는 구문에서는 '不'을 사용하여 부정한다.

你<u>不</u>把病养好，就不能参加下个月的活动。

你为什么<u>不</u>把你的意见说出来?

我<u>不</u>想把这件事告诉他。

他<u>不</u>愿意把时间浪费掉。

제5절 '被'字文

'被'전치사구가 부사어로 쓰인 동사술어문으로, 피동자가 동작을 받아 그 피동자에 어떤 결과가 생겼음을 설명한다.

피동자 주어 + ['被' + 행위자] + 동사 + 부대성분

那棵树被大风刮倒了。

这件事被他们知道了。

窗户被大风吹开了。

他被公司开除了。

1. '被'자문의 사용조건

주로 구어에서 주어의 의지와는 무관하게 어떤 일이 일어났을 때, 불쾌한 일이나 손해를 당했을 때, 주동자와 피동자를 구별하기가 곤란할 때 사용된다.

刚才说的话<u>被</u>他听见了。

他的母亲<u>被</u>敌人杀死了。

我<u>被</u>老师批评了。

我们都<u>被</u>录取了。

*我们被老师教了汉语。

*那个电影被我们看了。

2. '被'자문의 전치사

행위자를 이끄는 전치사는 '被' 외에 '叫', '让', '给' 등을 사용하기도 한다. '被'는 서면어적 색채가 강하며, 구어에서는 주로 '叫' · '让'을 사용하며, 남방지역에서는 '給'를 많이 사용한다. '叫' · '让' 전치사구가 동작의 행위자를 나타내는 문장 역시 '被'자문으로 통칭하여 부른다.

他的病被治好了。
敌人被我们打败了。
他让汽车撞伤了。
那对花瓶叫人拿走了。
他的帽子叫风刮掉了。
我的毛巾让水冲走了。

'被'와 '给'은 목적어를 생략하고 동사 앞에 직접 쓰일 수 있다.

他被老师批评了一顿。 → 他被批评了一顿。
这位师傅被选作工人代表了。
帝国主义被赶出中国了。

그러나, '叫' · '让'의 목적어는 생략할 수 없다.

*困难终於让克服了。
*图书馆的新书都叫借走了。

3. '被'자문의 주어

주어는 피동자로 술어동사가 나타내는 동작을 받는 대상이다.

那位科学家被我们请来了。
他们的阴谋被公安人员粉碎了。

피동자는 화자와 청자 쌍방이 이미 알고 있는 확정적인 것이어야 한다. 따라서 부정칭을 나타내는 '一' 수량구를 관형어로 취할 수 없다.

*一封信被李明取走了。 → 那封信被李明取走了。

*一张票被老人买去了。 → 最后一张票被一位老人买去了。

4. '被'의 목적어

전치사 '被'의 목적어는 의미상 동사가 나타내는 동작의 행위자이다.

铁路被大水冲坏了。

那些运动员被观众围住了。

那块骨头被狗吃了。

那块布被他们弄湿了。

행위자를 구체적으로 밝힐 수 없거나, 밝힐 필요가 없는 경우에는 범칭을 나타내는 '人'을 목적어로 사용한다.

张大夫被人请去了。

我们让人锁在房间里了。

5. '被'자문의 술어동사

술어는 '把'자문의 경우처럼 동작의 대상에 동작을 가하여 영향을 줄 수 있는 타동사만이 '被'자문에 쓰일 수 있다.

那个破瓶子被我扔了。

飞机场工人的罢工被政府镇压了。

我的网球拍子被小王借走了。

院子里的花儿叫人摘了。

'被'자문에 사용될 수 있는 동사의 범위는 '把'자문보다 넓다. '看见'·'听见' 등의 감각동사와 '知道'·'认为' 등의 인지동사 등은 '把'자문에는 사용할 수 없으나, '被'자문에는 사용할 수 있다.

那件事让他知道了。

他们俩的话被老王听见了。

그러나, '举(手), 抬(头), 踢(腿), 睁(眼)' 등 인체의 동작을 나타내는 동사는 타동사이지만 일반적으로 '被'자문에는 사용할 수 없다.[68]

*头被他抬了起来。

*手被我高高地举了起来。

6. '被'자문의 부대성분

동사가 단독으로 '被'자문의 술어가 될 수는 없다.

*他被朋友<u>请</u>。	→	他被朋友请去了。
*桌子上的报被我<u>弄</u>。	→	桌子上的报被我弄湿了。
*他被敌人<u>捆</u>。	→	他被敌人捆了起来。
*今天忘带伞了，被雨<u>淋</u>。	→	今天忘带伞了，被雨淋湿了。

동사 뒤에는 반드시 동작을 받고 발생한 결과를 설명하는 부대성분이 있어야 한다. 이러한 부대성분으로는 동태조사 '了, 着, 过'[69], 보어, 목적어 등이 있다.

他被大家说服<u>了</u>。

他们被老师表扬<u>过</u>。

浴室被他俩弄<u>脏</u>了。

礼堂被大家布置得<u>很漂亮</u>。

那套记念邮票被他送<u>给朋友</u>了。

哥哥被他朋友叫<u>出去</u>了。

这么贵重的东西都被他送<u>人</u>了。

---

68) 이런 동사들은 '把'字文에는 쓰일 수 있다.
他把头<u>抬</u>了起来。 我把手高高地<u>举</u>了起来。

69) '着'도 드물게 '被'자문에 쓰이기도 한다.
那本书被他拿着.

衣服被树枝刷了一个口子。

我被人打瞎了眼睛。

단, 가능보어는 피동문에 쓰일 수 없다.

*屋子被他收拾得干净。

'S+被+행동주+所+동사' 형식이나 'S+为+행동주+所+동사' 형식의 피동문에서는 동사가 반드시 단독으로 쓰여야 한다.

我深深地被他的情神所感动。

宇宙的奥秘逐渐被人类所认识。

我不会为你的花言巧语所迷惑。

7. 부사어

부사어는 일반적으로 '被'전치사구 앞에 온다.

那个男孩子昨天被狗咬了。

我的自行车刚被人骑走。

我也被朋友拉去了。

8. 부정형식

부정형식은 전치사 '被' 앞에 '没有'를 놓아 만든다.

小树没被大风刮倒。

那只小羊没被老虎咬伤。

我的手没被开水烫伤。

桌子上的东西没被人动过。

제6절 비교문

비교문에는 차등비교문과 동등비교문의 두 가지가 있는데, 차등비교문에는 a의 기본 문형이 있고, 동등비교문에는 b의 기본 문형이 있다.

a. A+比+B+형용사　　北京比上海冷。
　A+沒有+B+형용사　　我吃的沒有你多。
　A+不如+B　　我的英语不如他。
　A+不如+B+형용사　　北方的蔬菜不如南方多。
　A+跟+B+不一样　　你的跟我的不一样。
　A+跟+B+不一样+형용사　　这本书跟那本书不一样厚。

b. A+跟+B+一样　　我的帽子跟你的一样。
　A+跟+B+一样+형용사　　我跟他一样高。
　A+有+B+형용사　　这棵古树有楼那么高。

A와 B 두 비교항은 기본적으로 품사나 통사구조가 같아야 한다.

他比我大一点儿。
这条路比那条(路)宽。
坐火车比坐飞机慢。
你讲比他讲更好。
*他比我的房间大。 → 他的房间比我的大。

그러나, A와 B 두 비교항을 이루는 구성 성분 중 동일한 성분이 있을 경우에는 의미가 바뀌지 않는다는 전제 아래, 한 쪽의 동일한 성분을 생략할 수 있다.

我的洗衣机比你的洗衣机小。
→ *我的洗衣机比你小。
→ 我的洗衣机比你的小。

这个生产队比那个富裕。

这座山比那座高得多。

관형어가 영속관계를 나타낼 경우에는 피수식어를 생략하더라도 구조조사 '的'는 사용하여야 한다.

我们的学校比他们的大。

你的儿子比我的大两岁。

1. '比'를 이용한 비교

두 비교항이 성질·상태나 정도에 있어서 차이가 있음을 나타낸다. 전치사 '比'를 사용하여 비교의 대상을 이끌어 내고, 술어를 사용하여 비교의 결과를 나타낸다.

피비교자	- ['比' + 비교대상] -	비교 결과	- (비교 차이)
주어	부사어	술어	보어

这儿比那儿安静。

巧克力比牛奶糖贵一块钱。

这种毛衣比那种毛衣漂亮得多。

1) 비교 대상은 전치사 '比'의 목적어로, '比'와 함께 전치사구를 형성하여, 부사어로 쓰인다.

这种肥皂比那种肥皂好。

他比我有经验。

你去比我去合适。

2) 비교결과나 비교방면은 주로 형용사로 나타내나, 경우에 따라 동사로도 나타낸다.

(1) 형용사

牛肉比猪肉便宜。

他说汉语说得比我流利。

我比你大两岁。

姐姐比哥哥大一点儿。

(2) 동사

① 소망 · 애호 · 사유 등을 나타내는 동사

你朋友比他还爱这个地方。

他们俩比我喜欢这个职业。

你比小王更关心她。

② 증감을 나타내는 동사

这个月蔬菜的产量比上个月增加了。

他现在的生活水平比过去提高了。

今天的气温比昨天降低了三、四度。

③ 조동사의 수식을 받는 동사

我比他更想去南方旅行。

他比咱们大家还愿意参加这次足球比赛。

他比这个年轻人能说。

他比你会唱跳。

他比我能写会画。

④ 정도보어를 수반하는 동사

咱们比他们走得快。

老张比老马来得早。

정도보어구문에서 '比' 전치사구는 조사 '得'와 보어 사이에 올 수도 있다.

汉字他写得比我漂亮。

목적어가 있는 경우에 동사를 반복 사용하거나, 목적어를 동사 앞으로 전치시킨다. 이 경우 비교 방면을 나타내는 동사나 비교의 결과를 나타내는 형용사는 생략할 수 없다.

他自行车骑得比我快多了。

*他自行车比我快多了。

*他自行车骑得比我多了。

⑤ '多'·'大' 등의 의미를 내포하는 '有'동사구, '有学问, 有经验, 有知识, 有魄力' 등

他比我们有办法。

这篇学术论文比那篇有水平。

他的发言比别人的有内容。

⑥ '多'·'少'·'早'·'晚' 등의 수식을 받는 동사, 이들 부사어는 '比' 앞에 두지 않고 동사 앞에 둔다.

我比他多买了一本杂志。

他比我早到三分钟。

일반적으로 수량보어를 사용하여 비교 결과의 구체적인 차이를 나타낸다.

他比我早来五分钟。

他比大家晚去一个月。

我比你多跑四百米。

我比他少学了半年。

(3) 비교 결과의 정도가 한층 더 높음을 나타내고자 할 때에는 동사나 형용사 앞에 정도부사 '还'·'更' 등을 쓸 수 있다. 단, '很·最·非常' 등은 쓸 수 없다.

这个公园比那个更美。

今天比昨天还热。

他用的方法比我的还要简单。

*今天比昨天很暖和。

(4) 비교결과의 차이는 술어 형용사나 동사 뒤에 보어를 써서 나타낸다.

哥哥比她高三厘米。

我的负担比你的重得多。

① 비교의 차이를 구체적으로 나타내고자 할 때에는 적절한 수량구를 보어로 쓴다.

我比他大一岁，他比我小一岁。

黄瓜比西红柿便宜一毛钱。

这个单位的男青年比女青年多一倍。

② 비교 차이가 미미함을 나타내고자 할 때는 '一点儿'이나 '一些'를 보어로 쓴다.

这个提包比那个轻一点儿。

这条裤子的颜色比那条深一些。

③ 비교 차이가 크다는 것을 나타낼 경우에는 '多'·'远' 등을 보어로 쓴다.

这只鸭子比那只肥得多。

你比过去瘦多了。

我的汉语比他差得远了。

3) 부정형식은 전치사 '比' 앞에 부정부사 '不'를 써서 만든다. 부정부사 '不'를 형용사나 동사 앞에 놓아서는 안 된다.

这样做不比那样做好。

他起得不比你晚。

*这件衣服比那件衣服不漂亮。

"他不比我高。"는 '我比他高'의 의미를 포함할 수는 있지만 '我比他高'의 의미는 아니다. 상반된 의미를 나타낼 때는 일반적으로 반의어를 사용하여 "他比我矮。"라고 한다.

부정형식은 반어법의 기능을 활용하여 의미를 강조하기 위해 사용한다.

这个商店商品的价钱不比那个商店低多少。
那件更好看，价钱不比这件贵。
我不比他笨，我怎么就不能参加比赛了？

'比'를 이용한 비교문은 주로 긍정형식이 쓰인다. 만약 부정형식으로 차등비교를 표현하고자 할 때는 '没有'를 사용한다.

这件衣服比那件衣服漂亮。 → 那件衣服没有这件衣服漂亮。

4) '[一 + 양사] + 比 + [一 + 양사]'로 구성된 '一天比一天'·'一次比一次' 등은 시간의 추이나 회수의 증가에 따라 '정도가 점차적으로 높아짐'을 나타낸다. 주로 형용사나 동사 앞에 부사어로 쓰인다.

天气一天比一天凉快了。
人民的生活一年比一年富裕。
他的考试成绩一次比一次好。

5) 한 사물의 시간의 추이에 따른 변화를 비교할 때에는 '比' 뒤에 시간사를 써서 나타낸다.

这孩子的身体比以前好多了。

2. '有'를 이용한 비교

피비교자가 비교 방면에 있어서 비교 대상의 정도에 이르렀는지의 여부를 나타낸다. 비교 대상은 '有'의 목적어로 나타내고, '비교 방면'와 '비교 결과'는 형용사 술어나 동사 술어로써 나타낸다. 긍정문은 동등비교문이고, 부정문은 차등비교문이다.

피비교자 - ['有'+비교대상] - (这么/那么) - 비교방면
주어 부사어 부사어 술어

这棵古树有楼那么高。

这间屋子有那间那么大。

这孩子已经有爸爸那么高了。

他车开得没有我快。

2) 비교 대상은 '有'동목구로 나타낸다. '有'동목구는 술어 앞에서 부사어로 표현된다.

这条绳子有那条那么长。

我的头发有你的那么黑。

她有我这么喜欢小动物。

'有'동목구는 정도보어구문에서는 보어 앞에 사용될 수도 있다.

他说汉语说得有中国人那么好。

他跑得没有你快。

姐姐的帽子没有妹妹的漂亮。

2) 비교의 방면 또는 결과는 형용사나 동사로 나타낸다.

형용사는 '高'·'大'·'长'·'厚'·'多'·'深'·'宽'·'粗'·'远' 등 정도상 큰 쪽을 지향하는 형용사만 술어로 사용될 수 있다.

大 ↔ 小　多 ↔ 少　长 ↔ 短　容易 ↔ 难

高 ↔ 低　快 ↔ 慢　重 ↔ 轻　便宜 ↔ 贵

这个湖有那个那么深。

这种苹果有那种那么甜。

*我跑得没有你慢。

*那座山有这座这么低。

반면, '比'자문에서는 정도상 큰 쪽을 지향하는 형용사와 작은 쪽을 지향하는 형용사가 모두 올 수 있다.

我的房间不比你的大。

我的房间不比你的小。

'有'동목구 뒤에 올 수 있는 동사는 '比'자문에 올 수 있는 동사와 기본적으로 같다.

那只猫有这只这么会捉老鼠。

他有你这么爱笑。

'有'를 이용한 비교문은 피비교자가 어떤 방면에 있어서 비교대상에 도달했다는 의미를 나타내므로, 일반적으로 술어 앞에 '这么'·'那么'·'这样'·'那样' 등을 사용한다.

这个西瓜有糖那么甜。

我的女儿有我爱人那么高了。

他说话的声音有她的这么细。

他有你这么爱看小说。

술어 뒤에, 비교 차이를 구체적으로 나타내는 수량보어를 동반할 수 없다.

*这筐水果有那筐重十斤。

*他没有我高一点儿。

3) 긍정형식보다는 부정형식이 주로 쓰인다.

弟弟没有妹妹高。

这种布没有那种结实。

我没他那么会说。

他汉语说得没有我好。

4) '没有'를 이용한 비교문은 '比'를 이용한 비교문으로 바꿀 수 있다.

我没有他细心。 → 他比我细心。

这个阶段的任务没有上个阶段的重。→ 上个阶段的任务比这个阶段的重。

3. '跟'을 이용한 비교

두 대상 간의 '같고 다름'을 비교한다. 전치사 '跟'을 사용하여 비교 대상을 이끌어 내고, 술어로 비교의 결과를 나타낸다.

피비교자	+ ['跟' + 비교 대상]	+ '一样'
주어	부사어	술어

这张画跟那张画一样。

去他那儿跟来我这儿一样。

피비교자	+ ['跟' + 비교대상]	+ '一样' + 비교방면
주어	부사어	술어

父亲跟儿子一样高。

他跟我一样喜欢吃辣的。

小王跟你们俩一样能写会画。

他跟你们一样想去杭州玩玩。

1) '跟'전치사구는 '一样'과 함께 '跟…一样'을 구성하여 부사어, 관형어, 보어 등으로 사용된다.

这座桥跟那座桥一样雄伟。

我要买一本跟他那本一样的词典。

她长得跟她母亲一样。

2) '一样' 대신 '差不多'나 '相同'를 술어로 사용할 수도 있다.

他的汉语跟我差不多。

这件衣服的颜色跟那件衣服的颜色差不多。

我的想法跟你的想法相同。

这篇文章的观点跟那篇文章的观点相同。

'一样'이나 '相同' 앞에 '完全'·'差不多'·'几乎'·'不太' 등을 써서 정도의 차이를 나타낼 수 있다. 단, '很'이나 '非常' 따위의 정도부사는 긍정문에서 사용할 수 없다.

这两幅画儿完全一样。

他长得跟我差不多一样高。

我们俩跑得几乎一样快。

他们俩的性格不太一样。

*我长得跟他非常一样。

他讲的内容跟你讲的差不多相同。

3) 부정형식은 일반적으로 '一样' 앞에 부정사 '不'를 두어서 만든다.

我的意见跟他的意见不一样。

我买的照相机跟你的不一样。

단, 비교의 대상을 부정하는 경우에는 '跟' 앞에 '不'를 놓아 부정한다.

她的裙子不跟你的一样。

这本书内容不跟那本书一样。

他的意见不跟我的一样，跟你的一样。

'跟…相同'의 부정형식은 '跟…不同'이다.

我的看法跟他的不同。

这种墨水的颜色跟那种不同。

'完全'·'根本'이나 '很'·'太'·'都' 등을 부사어로 써서 그 정도를 나타낼 수 있다.

这两个句子的意思完全不一样。

我的打算跟他的很不一样。

这个词的意思跟那个词不太一样。

这几包东西的重量跟那几包不都一样。

4. '像'을 이용한 비교

두 비교대상이 서로 비슷함을 나타낸다. 동사 '像'을 써서 비교의 대상을 이끌어 내며, 술어로 비교의 방면이나 표준을 나타낸다.

피비교자 - '像' - 비교 대상
주어 술어 목적어

他像他爸爸。

他像一个军事专家。

这种东西的形状像火箭。

피비교자 - ['像' + 비교대상] - 这么/那么 - 비교방면
주어 부사어 부사어 술어

他像他爸爸那么勇敢。

这两天像冬天那么冷。

他像我这么喜欢体育运动。

滑冰像游泳那么有意思。

1) '像'이 술어로 직접 쓰여 비교결과를 나타낼 때, '像' 앞에 정도를 나타내는 부사어를 사용할 수 있다.

他很像一个演员。

小王非常像记者。

2) [像+비교 대상]이 부사어로 쓰일 때, 술어 앞에는 일반적으로 지시

대사 '这么(这样)'나 '那么(那样)'를 사용하여 정도를 나타낸다. 이 경우 '像' 앞에는 정도부사를 사용할 수 없다.

他像他爸爸那么高。

她像她姐姐那样了解中国。

他的眼睛像你的这么好看。

*他很像他爸爸那么高。

3) '像'의 부정형식은 '不像'이다.

他不像他哥哥。

他不像他爸爸那样健康。

他不像五十岁的人。

今天不像昨天那么热。

5. '不如'를 이용한 비교

비교 방면에 있어서 피비교자가 비교대상의 정도에 이르지 못함을 나타낸다. 'A不如B'는 'A没有B好'의 의미이다. 또 '不如+비교대상' 뒤에 다른 술어를 사용하여서 '비교하는 방면'이나 '기준'을 나타내기도 한다.

피비교자 - '不如' - 비교대상
주어 술어 목적어

这个报告不如那个报告。

坐车不如骑车。

你来不如我去。

피비교자 - [不如 + 비교 대상] - 这么/那么 - 비교방면
주어 부사어 부사어 술어

我不如他那么刻苦。

坐车不如骑车有意思。

你来不如我去合适。

1) 비교 대상은 '不如'의 목적어로 나타낸다.

这个球场不如那个球场。
一个人去不如大家一起去。
我写的文章不如他写的。
我的计划不如你的那么详细。

2) 비교 방면은 '不如' 뒤에 형용사나·동사를 사용하여 '비교하는 방면'을 나타낸다.

我不如他高。
坐船不如坐火车快。
这张照片不如那张照得好。
我不如你会安排时间。

술어 앞에는 일반적으로 '那么'를 이용하여 정도를 나타낸다.
我不如他那么高。
我的假日不如你的那么多。

3) 부정형식 '不如…'만 있고, 긍정형식 '如…'는 없다.

4) '不如'비교문은 '没有'를 이용한 비교문으로 변환할 수 있다.

这种收音机不如那种。 → 这种收音机没有那种好。
姐姐的帽子不如妹妹的。 → 姐姐的帽子没有妹妹的漂亮。

제8장 강조법

1. 의문대사를 이용한 강조

의문대사가 가리키는 대상 중 그 어느 것도 예외 없이 술어가 가리키는 내용에 해당됨을 강조한다. 진술문에 '谁'·'什么'·'哪'·'哪儿'·'怎么' 등의 의문대사를 사용하고 그 뒤에 '都'나 '也'를 사용하여 나타낸다.

谁都知道这个消息。

他什么都不吃。

今天他什么地方都不想去了。

哪儿都有公园。

哪个公园都很热闹。

他怎么要求都行。

1) 의문대사는 의문의 소재를 나타내는 것이 아니라, '임의의 모든 것'을 나타낸다. 따라서 비록 문장에 의문대사가 쓰였더라도, 의문문이 아니라 진술문이므로, 서면어에서는 문장 끝에 마침표를 찍는다.

谁都有自己的理想。

他什么都懂。

2) 의문대사는 반드시 술어 앞에 사용한다. 동사의 목적어라도 동사 앞으로 목적어를 전치시켜야 한다.

*我们都去哪儿了。 → 我们哪儿都去了。

따라서, 의문대사는 주어나 전치목적어의 역할을 하거나, 주어나 전치목적어의 관형어 역할을 한다.

谁都愿意改善工作条件。

他谁也没找着。

哪种方法都可以试一下。

刚才我什么声音也没听到。

3) 의문대사는 뒤에는 반드시 부사 '都'나 '也'를 써야 한다. '也'는 주로 부정문에서 많이 사용한다.

哪儿都很安静。

谁也不知道这件事。

'都'나 '也'를 생략하면 의문문으로 변한다.

谁都喜欢这种花。 → 谁喜欢这种花?

他什么东西也不吃。 → 他什么东西不吃?

4) 부정형식은 '都(也)'와 술어 사이에 '不' 또는 '没(有)'를 사용하여서 만든다.

谁也不知道。

他什么都不说。

昨天我们哪儿也没去。

他什么也没瞒过我们。

2. '连'를 이용한 강조

극단적인 상황이나 대상을 부각시켜 긍정이나 부정의 내용을 강조한다. 전치사 '连'을 이용하여 강조하고자 하는 극단의 상황이나 대상을 이끌어 낸다.

连孩子们都很讲礼貌。
现在连他也常去图书馆了。
连他都戴帽子了。
他连角落里的灰都扫掉了。

1) 강조할 대상은 '连'과 '都(也)'사이에 둔다.

他连话也不想说。
我们连本子都买来了。

주어, 동작의 대상, 또는 동작이나 행위를 강조한다.

连老人都参加了这次庆祝活动。
连小孩子都懂得这个道理。
他连手套都戴上了。
我们连明天的课都准备好了。
这件事, 他连考虑一下也不考虑。
昨天他连看也没看, 就把书还给我了。

술어 동사는 주로 부정형식이거나 '망각'의 의미를 내포한 동사이다. 특히 '连'의 목적어인 동사와 술어 동사가 동일할 때에는 술어 동사가 반드시 부정형식이어야 한다.

他连洗衣服都没时间。
他连看电影都不喜欢。
连多少钱一斤都不知道, 怎么算?
他连讨论都忘了。
对这种事, 他连想也没想过。

2) 전치사 '连'의 목적어로는 명사나 명사구, 동사나 동사구, 절 등이 온다.

连老师都已经来了，你怎么才来。
连抽屉里都找了，哪儿也没有。
这个月他连一天也没休息过。
这样的怪事，我连听都没听过。
连每一步棋是怎么下的他都记得。

3) '连…' 뒤에 부사 '都'나 '也'를 반드시 써야 한다. 전치사 '连'은 생략할 수 있으나, '连' 뒤의 부사 '都'나 '也'는 생략할 수 없다.

他都参加锻炼，我们更应该参加了。
他看报都没时间，哪儿有时间看小说啊?
*他连门没关，就出去了。

4) '一…也/都'

'连一…也/都'의 형식에서 전치사 '连'이 생략된 문형으로, '최소의 수량에도 미달함'을 나타낸다.

屋子里一个人也没有。
这项工作，我们一天也没耽误。
我连一分钟也等不下去了。
他一点儿也不害怕。

3. '是…的'를 이용한 강조

이미 발생한 동작의 발생 시간, 장소, 방식 등을 강조한다.

我们是八点出发的。
他是去年来的。
他是在上海遇见他的。
我是从美国来的。

我是跟父母一起来的。
他们是坐船去的。

1) '是'의 위치: 강조하고자 하는 시간, 장소, 방식을 나타내는 말 앞에 온다.

我们是昨天晚上看的。
我们是在北京语言大学学习的。
我们是骑车来的。

2) '的'의 위치: 일반적으로 문장의 끝에 온다.

他是坐车来的。
她是坐车来我这儿的。

목적어가 있을 때, 목적어가 일반명사이면 목적어 앞에 올 수 있다,

我们是昨天晚上看的电影。
他们是在北京语言大学学的汉语。

단, 목적어가 인칭대사이거나, 동사가 장소목적어와 방향보어를 동반하면, '的'는 반드시 문장 끝에 써야 한다.

我是上星期五看见他的。
他是下午从城里到这儿来的。

3) 부정형식은 '不是…的'이다. 긍정형식에서는 '是'를 생략할 수 있으나, 부정형식에서는 '是'를 생략할 수 없다.

我们不是坐车来的, 是骑车来的。
我(是)早上去的, 不是下午去的。
他(是)在饭馆吃的, 不是在家里吃的。

4) 물음에 '没'를 사용하여 대답할 수도 있다. 이 때 '的'는 사용하지 않는다.

昨天(是)你找他的吧?　我没找他。

5) 동작이 이미 완료되었더라도 동작의 완료를 나타내는 동태조사 '了'와 함께 쓸 수 없다.

*我们是去年九月开始学习了汉语的。

*我祖母是在南京病死了的。

6) 이미 발생한 동작의 시간이나 장소, 방식 등을 묻는 의문문에서는 '了'를 사용하지 않고 '是…的'를 사용한다.

A : 你哪天去的北京?　B : 前天去的。

*你哪天去了北京?

*这张画儿怎么画了?

제9장 복문

두 개 이상의 절로 구성되어 하나의 완전한 의미를 나타내며 일정한 억양을 가지는 문장을 가리킨다.

风停了，雨也不下了。
这本小说没意思，我不想看了。
如果他们来，我就在家等着。
虽然天气不好，他们也要去。

1. 종류

복문을 구성하고 있는 절과 절의 관계에 따라 크게 연합복문과 주종복문의 둘로 나누며, 다시 절과 절의 관계에 따라 다음 표와 같이 세분할 수 있다.

- 복문
  - 연합복문
    - 병렬복문
    - 연접복문
    - 점층복문
    - 선택복문
  - 주종복문
    - 전환복문
    - 양보복분
    - 인과복문
    - 조건복문
    - 가정복문
    - 선택복문
    - 목적복문

1) 연합복문 : 서로 대등한 관계에 있는 절로 구성된 복문을 연합복문이라고 한다. 연합복문을 이루는 각 절은 의미상 관계가 대등하여 주(主)와 종(從)의 구별이 없다.

(1) 병렬복문 : 몇 가지 사건을 각각 절로 나누어서 설명 · 묘사하거나, 한 사건의 몇 가지 방면을 각각 절로 나누어 설명한다.

他学习音乐，我学习舞蹈。

这里交通很方便，人也很热情。

(2) 연접복문 : 순서에 따라 발생하는 동작이나 상황을 나타낸다.

下了课，我就去你那儿。

你先选好题目，然后再商量怎么写。

(3) 점층복문 : 후속절의 의미가 선행절의 의미보다 정도상 심화되거나 강조되는 복문이다.

那种火车不但设备好，而且速度快。

她不仅在学习上帮助我，还在生活上关心我。

天冷得连大人都受不了，何况孩子呢？

(4) 선택복문 : 각 절에 선택할 몇 가지 상황이나 사건을 나열하는 복문이다.

你(还是)明天动身，还是后天动身?

你给他挂个长途电话，或者发个传真吧!

那本词典不是哥哥买的，就是姐姐买的。

与其这样闲着浪费时间，不如找点事做。

2) 주종복문 : 주종관계를 가진 절들로 구성된 복문을 주종복문이라고 한다. 주종복문을 구성하고 있는 각 절은 '수식'과 '피수식', '주'와 '종'의 관계를 가진다. 주절에 의미의 중점이 놓이며, 종속절은 '주절을 보조하는 작용'을 한다.

⑴ 전환복문 : 앞절과 뒷절, 즉 종속절과 주절이 서로 상반되거나 상대되는 의미를 가진다.

虽然失败了很多次，但是他并不灰心。

尽管他住得比较远，却来得最早。

⑵ 양보복문 : 종속절은 인정하여 양보할 가정의 상황을 나타내고, 주절은 가정이 실현된 이후의 결과를 나타낸다.

就是有天大的困难，我们也不能后退。

即使我病了，也一定参加这次演出活动。

⑶ 인과복문 : 종속절은 원인을 나타내고, 주절은 그 원인에 따른 결과를 나타낸다.

因为要赶早上第一班汽车，所以天还没亮他就起来了。

⑷ 조건복문 : 종속절은 조건을 나타내고, 주절은 조건 하에서 발생한 결과를 나타낸다.

只要是星期天，我就有时间。

我一感冒，就发烧。

⑸ 가정복문 : 종속절은 가정의 상황을 제시하고, 주절은 가정의 상황에서 발생될 결과를 나타낸다.

要是你们有兴趣，我就陪你们去公园。

要是天气不好，我们就改期。

⑹ 목적복문 : 종속절은 달성하려는 목적을 나타내고, 주절은 목적을 달성하기 위해 하는 행위, 동작을 나타낸다.

他努力学习，为的是取得好的成绩。

我们应该早点儿告诉他，好让他放心。

2. 특징

1) 복문은 두 개 이상의 절을 포함한다. 절과 절 사이에서는 비교적 짧게 휴지하며, 문장 끝에서는 비교적 길게 휴지한다. 서면어에서는 절과 절 사이에 쉼표(,)를 사용하며, 문장 끝에는 마침표, 의문부호, 감탄부호 등을 사용한다.

他有错，你也有错，我们都有错。
这件事可以这样处理，也可以那样处理。

2) 절의 순서

⑴ 연합복문 중 병렬복문이나 선택복문은 절의 순서를 바꾸어도 의미 차이가 없으나, 선택복문 중 '不是…，而是'로 접속되는 복문과 점층 복문과 연접복문은 임의로 절의 순서를 바꿀 수 없다.

他一边弹琴，一边唱。 = 他一边唱，一边弹琴。
或者是红的，或者是蓝的，都可以。= 或者是蓝的，或者是红的，都可以。
不是我们去，而是他们去。 ≠ 不是他们去，而是我们去。
他不但会开车，而且会修车。 ≠ 他不但会修车，而且会开车。

⑵ 종속복문은 일반적으로 종속절이 앞에 오고 주절이 뒤에 온다. 단, 목적관계를 나타내는 복문은 일반적으로 주절이 앞에 오고, 종속절이 뒤에 온다.

虽然今天是晴天，但是气温比较低。
他希望星期日是晴天，好去爬山。

간혹, 주절이 앞에 오고 종속절이 뒤에 오는 경우도 있는데, 이 경우 종속절은 주로 주절의 내용을 보충 설명하는 의미기능을 가진다.

我明天不能来，因为我得去医院。
他不想打架，虽然并不怕打架。
我想喝点咖啡，如果你们有的话。

3) 접속어

복문을 구성하는 각 절은 서로 여러 의미관계를 가지는데, 이러한 의미관계는 일반적으로 접속어를 써서 나타낸다.

因为今天星期日，所以公园里的人特别多。
既然你不舒服，就在家休息吧。

접속어에는 접속사와 접속부사가 있는데, 이들은 짝을 이루어 쓰이기도 하고 단독으로 쓰이기도 한다.

要是你有兴趣，我们就去参观博物馆。
你与其坐船去，不如坐火车去。
他今天有事，所以不能来了。

(1) 접속어의 사용 여부

연합복문에서는 병렬복문과 연접복문은 절과 절의 관계가 분명하기 때문에 일반적으로 접속어를 사용하지 않으나, 점층복문이나 선택복문은 일반적으로 접속어를 사용한다.

昨天晴天，今天阴天。
他一说完，就走了。
不但他喜欢游泳，我也喜欢。
院子里种花，还是种树?

주종복문에서는 대부분 접속어를 사용한다. 단, 각 절의 관계가 분명할 경우, 앞절의 접속어는 생략할 수 있지만, 뒷절의 접속어는 생략할 수 없다. 즉 종속절의 접속어는 생략하더라도, 주절에는 반드시 접속어를 사용해야 한다.

尽管今天是晴天，他也不出去。
既然今天是晴天，咱们就去爬山吧。
不管晴天阴天，他都去北京图书馆。
(就是)遇到天大的困难，我也不会停下来。

他(不但)会说英语，还会说德语和法语。

*除非他也去，我去。

그러나, 임의로 종속절의 접속어를 생략해서는 안 된다. 쓰는 것이 표현상 효과적이라면, 반드시 쓰는 것이 좋다. 즉, 화자가 조건이나 원인, 상황 따위를 강조하고자 할 때 종속절에 접속어를 쓰지 않으면 논리적인 관계가 모호해지므로 반드시 접속어를 써야 한다.

你同意，我马上就去。

→ 假如你同意，我马上就去。

→ 只要你同意，我马上就去。

(2) 접속사의 위치

앞절과 뒷절의 주어가 같은 경우에는 일반적으로 접속사를 주어 뒤에 사용하며, 앞절과 뒷절의 주어가 서로 다른 경우에는 일반적으로 접속사를 주어 앞에 사용한다.

我们尽管费了半天工夫，也没说服他。

他虽然很想去看那个话剧，但是实在没有时间。

除非你去，我才去。

假如我碰到这样的困难，你们也会帮助我的。

뒷절에 사용하는 접속사는 주어가 있으면 반드시 주어 앞에 놓아야 한다.

因为说不好，所以我没敢说。

是叫他站下呢，还是我紧走几步赶上他呢?

(3) 접속부사의 위치

'反而，却，都，也，就，才' 등의 접속부사는 대부분 뒷절에 사용하며, 주어가 있으면 주어 뒤에 사용한다.

他宁可晚睡，也要把这篇文章改完。

今天刮大风，他反而不戴帽子了。

4) 주어의 위치와 생략 여부

복문에서 각 절의 주어가 같으면, 대부분 한 절에만 사용한다. 병렬복문에서는 대부분 주어가 앞절에 출현하지만, 앞절이 시간, 상태 등을 나타내는 연접복문에서는 주어가 뒷절에 출현하기도 한다.

她又会唱歌，又会跳舞。
他不认识我，甚至于连我姓什么都不知道。
看到别人有困难，他总是热情帮助。

종속복문에서는 각 절의 주어가 같으면 일반적으로 주어를 앞 뒤 어느 절에 놓아도 괜찮으나, 각 절의 주어가 다르면 주절과 종속절에 모두 주어가 있어야 한다.

我们不论有什么事，都愿意找他。
不论有什么事，我们都愿意找他。
因为外面下雨，所以他没去跑步。
他因为外面下雨，所以没去跑步。
不管时间有多紧张，我都要把这份计划搞完。

3. 각 복문과 접속어

1) 병렬복문

(1) '又…，又…'

어떤 상황이나 성질 또는 동작이 동시에 존재함을 나타낸다.

屋里又闷又热，叫人喘不过气来。
他又会写诗，又会写小说，本事大着呢!

일반적으로 동사나 형용사가 '又' 뒤에 온다.

他又是我的老师，又是我的朋友。
这个青年又会踢足球，又会画画儿。

접속하는 낱말이나 구는 일반적으로 품사나 통사구조가 같아야 한다.

*时间又短得很，任务又非常重。 → 时间又短，任务又重。

(2) '既…，又…'

두 절의 의미 비중이 서로 다르다. 뒷절의 의미 비중이 앞절보다 크다.

这里的饭菜既经济，又实惠。

他们既有措施，又有要求，所以任务完成得很好。

(3) '也…，也…'

두 상황이 동시에 존재함을 나타내며, 일반적으로 동사만 접속한다.

儿子也睡了，妻子也睡了，只有他还在灯下工作。

각 절의 형용사가 같을 경우에는 형용사도 접속할 수 있다.

屋里也热，外头也热，真不知道躲到哪儿才好。

일반적으로 각 절의 주어가 같을 경우에는 '又…，又…'로 접속하고, 각 절의 주어가 다를 경우에는 '也…，也…'를 사용하여 접속한다.

*校园里也干净，也整齐。

→ 校园里又干净，又整齐。

*这儿又发洪水，那儿又发洪水，到处是灾害。

→ 这儿也发洪水，那儿也发洪水，到处是灾害。

(4) '一边…，一边…'

동시에 두 동작이 진행됨을 표시한다.

我们一边走，一边谈。

他们一边划船，一边唱歌，高兴极了。

동사만 접속할 수 있으며, 동사는 목적어나 동태조사 '着'를 동반할 수 있다.

他一边听(着)音乐，一边写(着)信。

我们一边喝着咖啡，一边听着新闻广播。

구체적 동작이나 행위를 나타내는 동사만 접속하고, 추상적인 의미를 나타내는 동사나 형용사는 접속하지 못한다.

她一边倒茶，一边招呼客人坐下。

他一边走着，一边想着自己的发言稿。

*他们一边进行比赛，一边加强友谊。

*她们一边说着，唱着，一边很愉快。

뒤에 단음절 동사만 오는 경우에는 '一'를 생략할 수 있다.

他边写，边念。

我们可以边干，边学。

(5) '一面…，一面…'

두 개 이상의 동작이 동시에 진행됨을 나타낸다.

他们一面走，一面唱。

主人一面倒茶，一面跟客人谈话。

'一面' 뒤에는 동사만 올 수 있으며, 목적어나 동태조사 '着'를 동반할 수 있다.

他一面推着自行车，一面向我介绍情况。

欢迎队伍一面前进，一面高喊欢迎口号。

'一面…，一面…'과 '一边…，一边…'은 기본적으로 용법이 같다. 단 '一边…，一边…'이 구체적인 동작을 나타내는 동사만을 접속하는 것에 반하여, '一面…，一面…'은 추상적인 의미를 나타내는 동사도 접속할 수 있다.

我一面工作，一面学习。

我们一面积极主张节约，一面努力发展生产。

(6) '一方面…，一方面…'

서로 관계있는 두 가지 상황을 접속하거나, 한 사건의 두 가지 면을 접속한다.

大家一方面努力工作，一方面抓紧时间学习外语。

'一方面' 뒤에 오는 동사는 주로 추상적인 의미를 나타내며, 목적어를 동반할 수 있다. 구체적인 동작을 접속하는 경우는 거의 없다.

他一方面要了解职工的要求，一方面要帮助他们解决困难。

뒷절의 '一方面' 앞에는 부사 '另'을 사용할 수 있고, '另' 뒤에는 부사 '也'·'还' 또는 조동사 '要'를 사용할 수 있다.

我们一方面要肯定成绩，另一方面也要指出缺点。

我们一方面学习人家的经验，另一方面还总结自己的经验。

(7) '不是…, 而是…'

앞절을 부정하고 뒷절을 긍정한다. 접속하는 절의 순서를 바꾸면 의미가 달라지므로, 임의로 순서를 바꾸어서는 안 되며, '不是'와 '而是'는 모두 단독으로 사용될 수 없다.

他们不是中午来的，而是傍晚来的。

不是我悲观，而是你太乐观了。

2) 연접복문

(1) '以后'

방위사로 이어 발생하는 동작이나 사건을 나타내며, 뒷절의 머리에 단독으로 쓰인다.[70]

他去年来过，以后再没见过他。

那些事都过去了，别再提了，以后注意就是了。

(2) '后来'

시간부사로 이어 발생하는 동작이나 사건을 나타내며, 흔히 '起初'이나 '起先'과 호응하여 쓰인다.

---

70) 동사구나 주술구조 뒤에 쓰여, '下课以后', '毕业以后' 등과 같이 구를 만들어 시간을 나타내기도 한다.
上课以后，老师先讲生词，然后我们念课文。他说完以后，大家都笑了起来。

他起初不信这是真的，后来亲眼看到这一切就信了。

他起先烟抽得厉害，后来病了一场就不再抽了。

과거 시제에만 쓰인다.

*后来请再来。

접속되는 동작이나 사건들의 시간 간격이 비교적 길다.

我去年见过他一次，后来再也没有见过他。

他刚来时不大习惯，后来慢慢习惯了。

(3) '先…，然后…'

'앞의 사건이 발생한 후에 뒤의 사건이 발생함'을 나타낸다. '先'은 부사로 앞절에 쓰이고, '然后'는 접속사로 뒷절에 쓰인다.

代表团先到北京，然后到上海、广州。

'然后' 대신 '接着'나 '再'를 사용할 수도 있다.

大家先准备好意见，再讨论。

他先发言，接着大家都谈了自己的看法。

일반적으로 앞절에는 동작이 이미 진행되었음을 나타내는 결과보어나 동태조사 '了' 등을 사용한다.

他梳好头发，然后把梳子放到抽屉里。

他看了当天的报，接着写了一封信。

'然后'로 접속되는 동작이나 사건은 바로 이어서 발생하며, 과거 시제뿐만 아니라, 미래 시제에도 쓰일 수 있다.

大家先谈谈情况，然后我们再具体分析分析。

(4) '一…，就…'

'앞뒤의 두 사건이 시간상 잇달아 발생함'을 나타낸다. '一'와 '就'는 모두 부사로 주어 뒤에 쓰이며, 주로 동사를 접속한다.

早上他一起床，就去打太极拳。

他一说，我们就明白了。

他腿一软，就跪在地上了。

代表们一下飞机，就受到烈热的欢迎。

3) 점층복문

(1) '还'

일반적으로 뒷절에 사용하며, '…뿐 아니라, 더…'의 의미를 나타낸다.

光说不行，还得干。

办完这件事，他还要去人民公社参观。

他缺少一本汉英词典，还缺少一张世界地图。

我们厂增产了，还降低了百分之二十的成本。

(2) '不但…，而且…'

모두 접속사로, 앞절에 전제하는 상황을 싣고, 뒷절에 의미의 중점을 둔다.

他不但会打乒乓球，而且获得了全国冠军。

生活改善了，我家不但不愁吃穿，并且还富裕。

学习外语不但要多听、多会话，而且要多看书、多写字。

'不但'은 앞절에 사용하고, '而且'는 뒷절에 사용한다. 각 절의 주어가 같을 경우에는 '不但'을 주어 뒤에 두고, 주어가 다른 경우에는 '不但'과 '而且'를 주어 앞에 둔다.

他不但工作认真，而且办事也很谨慎。

不但他喜欢说笑话，而且他妻子也喜欢说笑话。

'不但'은 단독으로 사용할 수 없다. 앞 절에 '不但'을 사용하면 뒷절에 반드시 접속사 '而且'나 부사 '还'·'也' 등을 사용해야 한다.

他不但努力目标很明确，行动也很坚决。

他不但脾气好，还肯帮助人。

'而且'만 뒷절에 단독으로 사용할 수도 있다. 단, '而且' 뒤에는 일반적으로 '也'나 '还'를 사용한다.

《现代汉语词典》已经出版了，而且也很好买。

这个盲人没有失去信心，而且还鼓励别的盲人战胜困难。

4) 선택복문

(1) '(还是)…，还是…'

상대방에게 둘 이상의 선택할 수 있는 사항을 제시하고, 그 중에서 하나를 선택하도록 요구하는 의문문에서 쓰인다.

你(还是)喜欢大学，还是喜欢历史?

你觉得(还是)汉语的语音难学，还是语法难学?

진술문의 목적절에도 쓰일 수 있다.

请你决定，去外边玩还是去商店买东西。

'还是'는 일반적으로 선택을 요구하는 성분 앞에 사용한다. 첫 절의 '还是'는 일반적으로 생략한다. 또는 '还'는 생략하고 '是'만 사용할 수도 있다.

你介绍，还是他介绍?

你欣赏西方音乐，还是欣赏东方音乐?

你要喝咖啡，还是要喝茶?

你们是明天去实习，还是后天去实习?

(2) '或者…，或者…'

둘 이상의 선택할 수 있는 상황이나 조건을 나타내며 진술문에 쓰인다.

你或者用筷子，或者用刀叉，都行。

或者让他去科学院，或者让他去大学，他都愿意。

每人都要经过考试，或者参加口试，或者参加笔试。

'或者'는 일반적으로 선택을 요구하는 성분 앞에 둔다.

或者你接待，或者我接待，地点就在二层客厅。

大学毕业以后，我或者参加工作，或者继续读书。

你或者今天来取这本书，或者明天来取，最迟不要超过后天

'或者…，或者…'는 선택의문문에 사용할 수 없다.

*你或者吃点心，或者吃米饭?

*他问："打完电话我付钱或者对方付钱？"

(3) '不是…，就是…'

두 절이 나타내는 상황 중 반드시 하나는 해당됨을 나타낸다. '不是'는 앞절에 사용하고 '就是'는 뒷절에 사용하며, '不是'와 '就是'가 접속하는 절의 순서를 서로 바꾸어도 의미가 달라지지 않는다.

这次他去广州，不是坐火车，就是乘飞机。

他不是这个星期天来,就是下个星期天来。

不是他来看你，就是你去看他。

(4) '宁可…，也…'

만족스럽지는 못하지만 뒷절의 상황을 피하기 위해, 어쩔 수 없이 앞절의 상황을 받아들인다는 것을 나타낸다.

他宁可少休息一会儿，也要写完这篇文章。

我宁可明天再来一趟，也不愿再等了。

*对他这种不讲信誉的人，我宁可不跟他交朋友，也不交朋友。

접속사 '宁可'는 일반적으로 앞절에 사용하고, 부사 '也'는 뒷절에 사용하되 '也' 뒤에는 흔히 '要'나 '不'를 사용한다.

我宁可不看足球比赛，也要写完这篇文章。

他宁可在家呆着，也不去看球赛。

뒷절에 '宁可'만 사용할 수도 있다.

我们安排工作要慎重，宁可先把困难考虑得多些。

(5) '与其…，不如…'

앞절에는 비교적 극단적인 상황을 제시하고, 뒷절에는 이와의 비교를 통해 당연히 선택하게 될 또 다른 상황을 제시하여, 앞절의 상황을 버리고 뒷절의 상황을 선택함을 나타낸다.

与其爬山，不如划船。

与其跟着他干，看着他挣大钱，不如咱们自己干呢。

5) 전환복문

(1) '…，只是…'，'…，不过…'

가벼운 전환을 나타낸다. 전달하고자 하는 의미의 중점은 일반적으로 앞절에 있고, 뒷절은 단지 이를 보충 설명한다. '不过'가 '只是'보다는 전환의 어기가 더 강하다.

我其实很想去看看，只是没有时间罢了。

这个人很面熟，不过我一时想不起来是谁。

전환 어기가 가볍고 부드러워서 일반적으로 '虽然'이나 '却'과 같이 사용하지 않는다.

*他各方面都很好，只是身体却不大好。

(2) '虽然…，但是/可是/然而…却…'

접속사 '虽然'과 '但是/可是'는 일반적으로 함께 사용한다. 우선 어떤 상황을 인정하고 나서 다른 상황에 더 의미를 부여함을 나타낸다. '虽然'은 종속절에 사용하며, '但是/可是'는 주절에 사용한다.

虽然他们进行了几次试验，但是都没有成功。

大家虽然都这么说，可是他还是不相信。

道理虽然讲清楚了，然而问题仍然没有解决。

'但是'가 '可是'보다 어기가 더 강하며, 흔히 접속부사 '却'，'还' 등과 같이 쓰인다.

他的病虽然相当重，他的情绪却很好。

他的声音虽然不大，但是却很坚决。

전환의 어기가 가벼울 경우에는 주절에 '但是, 可是, 然而, 却'만을 사용할 수 있다.

他不知道这件事，但是他来了。

试验多次被迫停止，然而他们并不灰心。

这个菜看上去不怎么样，可是吃起来却挺不错。

종속절이 뒤에 오는 경우에는 일반적으로 종속절에 '虽然'만 사용한다.

他把仅有的食物送给了别人，虽然他两天两夜没吃东西。

(3) '尽管…，但是…'

'虽然…，但是…'와 의미와 용법이 비슷하다. 단, '尽管'을 사용하는 경우가 '虽然'을 사용하는 경우보다 어감이 강하다.

尽管已经到下班时间了，但是他还在工作。

尽管他感冒了，但是还陪我们去公园了。

大家尽管觉得路比较远，但是都去了。

뒷절에는 '但是' 대신 접속부사 '却', '仍然', '还', '也' 등을 사용하기도 한다.

尽管他每天工作很紧张，生活却很有规律。

尽管他已经离开我们单位了，仍然关心我们大家。

종속절이 뒤에 오는 경우에는 종속절에 접속사 '尽管'만 사용한다.

他来得很准时，尽管外边雨下得很大。

这些事我都知道，尽管他一点儿也不透露。

(4) '反而'

뒷절에 쓰여, 앞절의 내용과 상반된 결과를 나타낸다. 앞절은 대개 부정적인 의미를 나타낸다. 따라서 뒷절에 의미의 중점이 있다.

春天到了，反而下起雪来了。

小王住得最远，反而来得最早。

'反而'은 접속부사이므로 뒷절에 주어가 있으면 주어 뒤에 사용한다. 어떠한 상황이 일반적인 상황에 맞지 않음을 나타낸다.

他一再提醒我带入场券，他自己反而忘了。

他平时很少去商店，今天下雨他反而去了两次。

'反而'은 흔히 '不但/不仅'과 함께 사용하기도 하는데, '不但/不仅'이 접속하는 절은 일반적으로 부정형식이어야 한다.

他父亲的病不但没好，反而更重了。

风不但不停，反而刮得更大了。

天气不仅没有凉下来，反而更加闷热了。

(5) '却'

'却'은 부사로 전환의 의미를 나타낸다. 주어가 있으면 주어 뒤에 사용한다.

他对你很热情，你对他却没有一点表示。

外面冰天雪地，屋里却温暖如春。

这个电影的缺点很明显，他却看不出来。

'但是'와 전환을 나타내는 절에 같이 사용할 수 있다.

天气虽然很冷，但是我心里却感到很温暖。

盲人眼睛不起作用，但是手却很巧。

6) 인과복문

(1) '因为…，所以…'

접속사 '因为'와 '所以'는 일반적으로 함께 사용되어, 각각 원인과 결과를 나타낸다.

老王因为身体不太好，所以不能来看你。

因为节日快到了，所以很多人都忙着买礼物。

'因为'를 앞절에만 사용할 수도 있고, '所以'만 뒷절에 사용할 수도 있다. 단, '所以'는 주어 앞에 사용해야 한다.

因为他临时有事，提前走了。

因为我们招待得不够周到，向您表示歉意。

*我的好朋友明天结婚，我所以明天不能跟你们去长城了。

종속절이 뒤에 오는 경우, 종속절에 '因为'만을 사용하거나, 주절에는 '(之)所以', 종속절에는 '是因为'를 사용한다.

这个会议我不能按时到，因为我多年不见的老朋友来了。

他(之)所以能这么快就掌握了汉语，是因为他学习非常刻苦。

(2) '由于'

접속사로 일반적으로 앞절에 사용되어 원인을 나타낸다.

由于我们没经验，这次试验失败了。

由于时间不多了，我们下次再商量吧。

'由于'만 앞절에 사용할 수도 있고, 접속사 '因此'나 '所以'와 함께 사용할 수도 있다.

由于领导很重视，因此工程进展得很快。

由于他们俩的生活环境不同，所以性格也不一样。

종속절이 뒤에 오는 경우, 종속절에 '由于'만 사용할 수 있다.

工程进展得这么快，这都是由于领导的重视。

这场比赛很顺手，主要是由于大家配合得好。

(3) '因此'

'因此'는 접속사로 뒷절에 사용하여 결과를 나타낸다. 주절에 단독으로 사용할 수도 있고, '由于'와 함께 사용할 수도 있다.

大家都知道这件事，因此不需要重复了。

我们在一起工作了很多年，因此互相都很了解。

由于事情办得很顺利，因此大家感到十分满意。

⑷ '既然…, 就…'

전제한 상황을 근거로 어떤 결론을 이끌어 낼 때 사용한다. 접속사 '既然'은 전제조건을 제시하는 앞 절에 사용하며, 접속부사 '就'는 결론을 나타내는 뒷절에 사용한다.

你既然一定要走，我就不留你了。

他既然答应了，就让他辛苦一趟吧。

결론을 나타내는 뒷절에는 접속부사 '就'를 주로 사용하나, '也'·'还' 등을 사용하기도 한다. '就'·'也'·'还' 등의 부사는 반드시 주어와 술어 사이에 사용해야 한다.

既然你对这个活动有兴趣，你也来参加吧。

既然他已经知道了，还给他打电话吗?

앞절과 뒷절 사이에 접속사 '那么'를 사용하여, 뒷절이 앞절의 전제조건으로부터 이끌려 나온 결과임을 나타낼 수도 있다.

你既然明天有约会，那么，我一个人在宿舍吧。

既然他的病已经完全好了，那么，我们可以接他出院了。

7) 조건복문

⑴ '不管(无论/不论)…, 都(也)…'

조건에 관계없이 결과가 같음을 나타낸다. 접속사 '不管(无论/不论)'은 조건을 나타내는 앞절에 사용하고, '都(也)'는 결과를 나타내는 뒷절에 사용한다.

不论怎么忙，他每天都要看一小时报纸。

无论刮风下雨，明天都按原计划进行活动。

'不管(无论/不论)' 뒤에는 반드시 의문대사나 선택 관계를 나타내는 병렬구가 따른다. 병렬구는 '还是'나 '或者'를 사용하여 접속할 수도 있다.

不管谁有困难，他都热情帮助。

无论他多么忙，也要坚持打半小时的球。

不管白天黑夜，医院里都有大夫。

不管你来不来，我们也要讨论。

결론을 나타내는 절에는 반드시 '都'나 '也'를 사용해야 한다.

*不管什么地方，我想去看看。

*无论下雨不下雨，他去听技术讲座。

일반적으로 '不管'은 주로 구두어에서 사용하며, '无论(不论)'은 서면어에서 사용한다.

(2) '只要…，就…'

'只要…，就…'는 모종의 조건 하에서는 반드시 모종의 결과가 발생함을 나타낸다. 접속사 '只要'는 조건을 나타내는 앞절에 사용하며, 접속부사 '就'는 결론을 나타내는 뒷절에 사용한다.

只要您同意，我就立刻去您那儿。

我们只要努力，就能取得好成绩。

你只要安静地躺一会儿，就会好起来。

판단을 나타내는 '一定'·'是…的' 등과 함께 사용하기도 한다.

只要你热爱这个工作，是会做出贡献的。

我们只要多想办法，工作中的困难一定能克服。

(3) '只有…，才…'

앞절의 조건이 없으면 뒷절의 결과에 이를 수 없음을 나타낸다. 접속사 '只有'는 조건을 나타내는 앞절에 사용하며, 접속부사 '才'는 결과를 나타내는 뒷절의 주어 뒤에 사용한다.

只有大家团结起来，才有力量。

只有不怕困难，才能战胜困难。

他只有手术，才能继续活下去。

'只有'가 제시하는 조건은 유일한 조건이다. 결과를 나타내는 뒷절은 '가능'의 의미를 나타내는 경우가 많아, 흔히 '才'뒤에 '能'을 사용한다.

只有他，才能解决这个问题。

只有多听、多说、多看、多写，才能学好一种新的语言。

'只有' 뒤에는 일반적으로 절이 오지만, 명사나 동사구가 올 수도 있다.

只有老张，才有条件参加比赛。

只有修好这部机器，才能进一步增加生产。

(4) '除非…，才…'

앞의 조건이 없다면 뒤의 결과를 얻을 수 없음을 나타낸다. 접속사 '除非'는 조건을 나타내는 앞 절에 사용하며, 부사 '才'는 결과를 나타내는 뒷절에 사용한다.

除非明天下大雨，运动会才推迟。

除非我有重要会议，才不去你那儿。

'除非' 뒤의 조건은 유일한 조건이다. 뒷절의 '才'는 생략할 수 없어도, 앞절의 '除非'는 경우에 따라 생략할 수 있다.

你(除非)病了，才会让别人照顾你。

*除非大家都有诚意，能达成协议。

(5) '一…，就…'

앞절의 조건 하에서는 반드시 뒷절의 상황이 발생함을 나타낸다.

鱼一离开水，就会死。

气温一到零摄氏度，水就结冰。

'一'와 '就'는 모두 부사이므로 주어 뒤에 와야 한다.

*他一紧张，就脸红。

*一鱼离开水，就会死。

8) 가정복문

'要是(如果/假如/假使)…, 就…'

접속사 '要是(如果/假如/假使)'는 앞절에 사용하며 가정을 나타낸다. 접속부사 '就'는 뒷절에 사용하며 가정된 상황으로부터 발생하는 결과를 나타낸다.

大家要是同意，就这样决定吧。
他如果有时间，我们就去他那儿。
假如她写不完，就让她明天交。
假使我们都会汉语，就能用汉语谈话了。

앞절에 '要是(如果/假如/假使)'만 사용하거나, 뒷절에 '就'만을 사용할 수도 있다.

要是你不能去，我去。
你实在有困难，就别勉强了。

뒷절의 주어 앞에 '那么'를 사용하기도 한다.

如果你们都去，那么我也去。
你们假如真想学画画儿，那么我可以教你们。

9) 양보복문

'即使(就是)…, 也…'

접속사 '即使(就是)'는 앞절에 사용되어 비교적 극단적인 상황을 가정하고, 부사 '也'는 뒷절에 사용되어 그런 가정에 관계없이 존재하는 결론을 나타낸다.

我们即使获得冠军，也要坚持练习。
就是明天阴天，我也要去看他。

뒷절에 '也'만 사용하기도 한다.

你现在赶到机场，也晚了。

10) 목적복문

(1) ‘好’

‘好’는 뒷절에 사용하여, 앞절이 달성하려는 목적이 바로 뒷절임을 나타낸다.

你要坚持治病，好早一点恢复健康。

带把伞，下雨时好用。

请告诉我你的电话号码，有事好找你。

두 절의 주어가 서로 다른 경우, ‘好’는 뒷절의 주어 뒤에 둔다. ‘好’를 주어 앞에 사용할 수는 없다.

你们回头一定来，咱们好一起去看电影。

给我一张纸，我好给你画。

(2) ‘为的是’

‘为的是’는 뒷절에 사용하여, 앞절이 달성하려는 목적이 바로 뒷절임을 나타낸다.

他已经来了，为的是跟咱们一起去看电影。

他正在积极准备，为的是顺利地通过毕业考试。

‘为的是’는 뒷절의 주어 앞, 즉 절의 첫머리에 두어야 하며, 주어 뒤에 사용할 수는 없다.

(3) ‘以免，以防，免得，省得’

뒷절에 사용하여 접속하는 내용이 발생하지 않는 것을 목적으로 함을 나타낸다.

洗衣机一定要接地，以免漏电发生危险。

不要在公共场合使用网上银行，以防帐号被窃。

多练太极拳，免得病来缠。

多穿点，省得着凉。

현대 중국어 어법

저　　자 : 최 병 덕
발 행 처 : 충북대학교 출판부
발 행 인 : 김 수 갑
주　　소 : 28644 충북 청주시 서원구 충대로 1
전　　화 : (043) 261-2952, 3014
팩　　스 : (043) 274-1256
이 메 일 : presscbu@chungbuk.ac.kr
등　　록 : 제1983-2001-7호
초 판 1 쇄 : 2019.09.20
인 쇄 처 : 삼성디자인기획 042)221-3111

ISBN 978-89-7295-500-9　93720

값 15,000원

* 이 저서는 2019년도 충북대학교 국립대학 육성사업에 의해 지원 발행되었음.